DAS SPARKOCHBUCH

UWE GLINKA / KURT MEIER

DAS SPARKOCHBUCH

GÜNSTIG UND AUSGEWOGEN ERNÄHREN NACH DEM REGELSATZ HARTZ IV

vgs EGMONT

Originalausgabe

verlegt durch EGMONT Verlagsgesellschaften mbH,
Gertrudenstraße 30–36, 50667 Köln

1. Auflage
Redaktion: Susanne George
Umschlaggestaltung: Zero Werbeagentur, München
Foto Umschlagrückseite: © Olaf Ballnus
Layout und Satz: Angela May Grafikdesign & Buchgestaltung, Mettmann
Druck: freiburger graphische betriebe, Freiburg
ISBN 978-3-8025-3692-2

www.vgs.de

INHALT

VORWORT DER AUTOREN

Ab in den Keller, Licht aus und im Dunkeln warten, dass die Welt oben besser wird. Das ist nicht unsere Art. Wir leben von Hartz IV und können es nicht ändern. Wir sind beide 54 Jahre alt und bekommen keine Arbeit mehr. Das ist die harte Wirklichkeit, in der wir leben und klarkommen müssen. Ob wir wollen oder nicht. Trotzdem ergeben wir uns nicht tatenlos unserem Schicksal. Wir versuchen, die Situation erträglich und einigermaßen lebenswert zu gestalten. Wie heißt es so schön: Aus der Not eine Tugend machen. So ist dann auch die Idee zu unserem Kochbuch entstanden.

ICH, UWE GLINKA, BIN GELERNTER INDUSTRIEKAUFMANN. Nach der Lehre war ich vier Jahre bei der Bundeswehr. Danach wechselte ich in die Autobranche, wurde Verkaufsleiter in verschiedenen Autohäusern in Norddeutschland. Bis 2001 hatte ich den Job, dann wurde ich arbeitslos. Seitdem schreibe ich eine Bewerbung nach der anderen, ohne bisher wieder in Lohn und Brot gekommen zu sein. Machen wir uns nichts vor, es ist mein Alter, weshalb mich niemand mehr einstellt.

MEIN NAME IST KURT MEIER UND MEIN BERUFLICHER WERDEGANG SO ABWECHSLUNGSREICH WIE DIE REZEPTE IN DIESEM BUCH. Gelernt habe ich Heizungsbau und Informationselektroniker. Beide Berufe habe ich auch über viele Jahre ausgeübt: als Vorarbeiter bei einem Elektronikhersteller in Lüneburg, der 1993 seine Produktion ins Ausland verlagerte. Anschließend war ich Geschäftsführer einer Heizungsbaufirma bis 1998. Es folgte mein eigener Baustoffhandel, den ich aber 2003 aufgeben musste. Meine bisher letzte Anstellung hatte ich als Hausmeister, jedoch nur in Teilzeit. Seit 2007 bin ich ohne feste Anstellung.

Das ist unsere Geschichte. Deshalb wissen wir selbst, wie beklemmend eng es ist, mit dem Hartz-IV-Regelsatz über die Runden zu kommen. Und wir sind nicht die Einzigen, die sich am Ende des Geldes fragen, warum noch so viel Monat übrig ist. Ohne eisernes Sparen geht es nicht. Aber dass deshalb bei vielen Hartz-IV-Empfängern eine vernünftige Ernährung auf der Strecke, schlimmstenfalls die Küche tagelang kalt bleibt, wurde uns mit Schrecken erst so richtig bei einer Fortbildung der Agentur für Arbeit bewusst. „50-plus" waren wir und die anderen Teilnehmer der Maßnahme eines Lüneburger Instituts, die uns wieder auf den ersten Arbeitsmarkt bringen sollte. Der Erfolg lässt bis heute auf sich warten. Allerdings haben wir beide aus der Fortbildung den Anstoß für unser Kochbuch mitgenommen. Denn immer wieder klagten die anderen Kursteilnehmer über das klägliche Monatsbudget und dass sie deshalb bei der Ernährung Abstriche machen, um einigermaßen über die Runden zu kommen. Günstige, aber weniger gesunde Fertiggerichte kommen auf den Tisch.

„DAS KANN DOCH NICHT WAHR SEIN", SAGTEN WIR UNS UND BESCHLOSSEN, EINEN WEG AUS DER MISERE ZU FINDEN. Unsere Idee war, Speisepläne zu entwerfen, die auf der einen Seite günstige Nahrungsmittel als Grundlage haben und andererseits eine ausgewogene Ernährung gewährleisten. So weit die Theorie. Ehrlich gesagt, an der Praxis haperte es zunächst. Wir sind nämlich alles andere als begnadete Köche. Mal etwas in der Pfanne brutzeln konnten wir schon. Aber als Grundlage für einen Speiseplan waren unsere Kenntnisse im Umgang mit Pütt und Pann, wie man bei uns in Norddeutschland sagt, völlig ungenügend.

Also erinnerten wir uns an unsere Kindheit, an das, was unsere Mütter damals aufgetischt hatten. Und wir erkannten Parallelen zu heute. Schließlich hatte die Nachkriegsgeneration auch nicht viel zum Leben – ähnlich wie Hartz-IV-Empfänger heute. Trotzdem gab es keine Fertiggerichte und schon gar kein Fast Food. Die Kost seinerzeit war schmal, aber dennoch lecker und ausgewogen. Oft läuft uns bei der Erinnerung das Wasser im Mund zusammen. Steckrübensuppe ist zum Beispiel so ein Appetitanreger.

Da wir beide in kleinen Dörfern auf dem Land im Kreis Lüneburg zu Hause sind, ahnten wir, dass Landfrauenvereine die alten Schätze hüten und bewährte Rezepte von Generation zu Generation weitergeben. Wir starteten den Versuch, schrieben Briefe an Landfrauenvereine deutschlandweit und baten um bewährte Rezepte. Und wir hatten recht, es klappte sogar besser, als wir uns erträumt hatten. Auf die Landfrauen ist eben Verlass. Die Antworten trudelten zuhauf bei uns ein. Mehr als 300 Rezepte erreichten uns per Post. Zum Teil waren sie noch in Sütterlinschrift. Wir übersetzten sie sorgfältig.

Doch das war nur der Auftakt. Jetzt begann die harte Arbeit. Wir wälzten die Rezepte, nahmen uns die Zutaten vor und stellten Listen zusammen. Mit diesen zogen wir los. Unser Ziel: Discounter. Weil nur dort Lebensmittel zu erhalten sind, die nicht den finanziellen Rahmen für kostengünstige Speisepläne sprengen. Also machten wir uns mit den „kleinen Preisen“ vertraut und verglichen, was es wo für wie viel Geld gibt. Wir notierten fleißig. Das hat im Nachhinein Spuren hinterlassen. Sobald wir einen Supermarkt betreten, beginnt es in unseren Gehirnen zu rattern, ohne dass wir uns dagegen wehren können. Noch heute gehen wir von Regal zu Regal, vergleichen die aktuellen Preise mit denen, die wir wie auf einer Computerfestplatte bei uns im Kopf gespeichert haben – und vergessen dabei fast das Einkaufen.

Tagelang fügten wir Rezepte und Lebensmittelpreise in mühsamer Kleinarbeit zusammen. Am Ende hatten wir genug Stoff, um eine Broschüre mit unserer Sammlung zu erstellen. Das Ergebnis: Der Tagessatz für Essen und Trinken bei ausgewogener Ernährung mit drei Mahlzeiten am Tag – Frühstück, Mittag und Abendbrot – liegt bei unseren Rezepten bei 4,33 Euro für einen Erwachsenen. Eine Ernährungsberaterin zogen wir im Auftrag der *stern TV*-Redaktion zurate. Sie machte uns einige Verbesserungsvorschläge, die wir in unseren Rezepten berücksichtigten, und segnete das Werk als sehr tauglich und gut ab.

SCHÖN, DASS WIR BEIDE NUN WUSSTEN, WIE ES GEHT, SICH MIT DEM HARTZ-IV-REGELSATZ VERNÜNFTIG UND AUSGEWOGEN ZU ERNÄHREN. ABER WIR WOLLTEN, DASS AUCH ANDERE VON UNSEREM WISSEN PROFITIEREN. Wie erreicht man das? Klar, kräftig die Werbetrommel rühren. Wir stellten unsere Rezeptsammlung auch der Redaktion von *stern TV* vor und landeten einen Volltreffer, nachdem uns Behörden und Ämter die kalte Schulter gezeigt hatten. „Kein Interesse“, hatten wir zu hören bekommen.

Ja, und dann kamen wir ins Fernsehen, zu Günther Jauch, und durften unser Vorhaben einem Millionenpublikum vorstellen. Am Morgen nach der Sendung erschien der erste von inzwischen unzähligen Zeitungsartikeln über uns und unser Projekt in der Lüneburger Rundschau des Hamburger Abendblattes. Der Bann war praktisch über Nacht gebrochen. Was danach losbrach, ist der absolute Wahnsinn und hat alle unsere Vorstellungen um Dimensionen übertroffen. Nie hätten wir erwartet, dass der Bedarf an unseren Rezepten so gigantisch ist.

Den Beweis bekamen wir schon am Morgen nach der Fernsehsendung geliefert. *stern TV* hatte unsere Rezepte auf der eigenen Internetseite zum Download bereitgestellt. Mittlerweile ist unser Speiseplan mehr als eine Million Mal heruntergeladen worden. Unfassbar.

Gleichzeitig erfasste uns die Welle auch zu Hause. Viele, viele Hundert Briefe haben seither die Postboten täglich bei uns abgeliefert. Gleichzeitig glühen die Drähte zu unserem E-Mail-Postfach, das sich Tag für Tag weiter füllt, schon Tausende Mails sind eingegangen. Alle Absender haben eines gemein: Sie bitten um unsere Broschüre mit den Speiseplänen. Nach und nach wurde uns klar, dass die Briefeschreiber bei Weitem nicht nur Hartz-IV-Empfänger sind. Auch andere Leute mit schmalem Geldbeutel fragen nach, wie etwa Rentner und Studenten – und täglich werden es mehr. Wer weiß, was die aktuelle Wirtschafts- und Finanzkrise noch anrichtet. Experten sagen einen rapiden Anstieg der Arbeitslosenzahl voraus. Aber auch diejenigen, die nicht unter einem wirtschaftlichen Engpass leiden, sind interessiert an unserer Broschüre. Vielleicht wecken die Rezepte bei ihnen ebenso wie bei uns Kindheitserinnerungen.

DIE MEDIEN RISSEN SICH UM UNS UND UNSERE IDEE. Weitere Fernsehauftritte und TV-Beiträge lösten sich im munteren Wechsel mit Interview- und Fototerminen für Zeitungen ab. Allerdings nutzte unsere neu gewonnene Prominenz in einem Punkt nichts: Wir fanden anfangs keinen Sponsor, der unsere Broschüre drucken wollte. Und über eigene Mittel verfügten wir nicht. Erst nach einigem Klinkenputzen gelang es uns, einen Discounter zu gewinnen, der uns beim Druck der ersten 5000 Broschüren finanziell unterstützte – 2500 für Zwei-Personen-Haushalte und weitere 2500 für Drei-Personen-Haushalte. Außerdem kam uns eine Lüneburger Druckerei, die den Auftrag erhielt, bei den Kosten entgegen.

Die ersten 2000 Broschüren gingen in den Berliner Stadtteil Marzahn. Die dortige Jugendeinrichtung „Springpfuhlhaus“ hatte die Exemplare angefordert, die wir in der Hauptstadt persönlich überreichten. Mit den Broschüren sollen die dort betreuten Jugendlichen kochen lernen und die erlernten Kenntnisse an ihre Eltern weitergeben. Entgegen der weit verbreiteten Meinung sind die Jugendlichen sehr wohl am Kochen interessiert. Schon aus dem Grund, weil ihnen der Magen knurrt. Denn zu Hause kochen die Eltern selten oder überhaupt nicht.

EINES WOLLEN WIR ABER KLARSTELLEN: UNS GEHT ES AUF GAR KEINEN FALL DARUM, ZU BEWEISEN, DASS MENSCHEN MIT HARTZ IV GUT LEBEN KÖNNEN. Schließlich gehen immerhin 40 Prozent für Essen und Trinken weg. Noch immer sind wir empört über die Aussage zweier Wissenschaftler aus Chemnitz im September 2008, dass 132 bis 278 Euro zur Existenzsicherung reichten. Das stimmt nicht.

Schnell sprach sich der Erfolg unserer Broschüre herum. Selbst in den USA weckte sie Interesse. Es war zwar nicht direkt die Filmfabrik aus Hollywood, die anklopfte, aber immerhin die TV-Station des Deutschen Christian Peschken. Er ist Pionier des deutschen Privatfernsehens und lebt seit 1989 in Los Angeles. Der Kameramann, Regisseur und Medienmanager produziert in Hollywood Filme – etwa „Herzflimmern“ für das ZDF mit Maria Furtwängler. Peschken bemühte sich um uns. Wir sollten eine wöchentliche Kochshow moderieren.

Seine Anfrage kam per E-Mail aus Kalifornien, rund 30 Kilometer von Hollywood entfernt. Er schrieb: „Ich werde in den nächsten Monaten zusammen mit einem Geschäftsfreund einen Fernsehsender starten, der unter anderem in das DishNetwork (90 Millionen Haushalte) und ins Kabel eingespeist wird.“ Als deutsches Fernsehen für die ganze Familie bezeichnet er das zweisprachige Projekt. Der Produzent sagte uns: „Ich denke, dass die Thematik auch für Amerikaner beziehungsweise deutschstämmige Amerikaner sehr interessant sein dürfte, besonders angesichts der aktuellen wirtschaftlichen Entwicklungen.“

Bevor wir aber das Abenteuer USA angehen, reifte in uns ein ganz anderer Plan. Wir wollten ein Kochbuch mit unseren Rezepten für den deutschsprachigen Raum herausbringen, das auf unserer Broschüre basiert. Nach vielen Verhandlungen ist es tatsächlich so weit gekommen. Unser Traum, mit unserem Kochbuch vielen Menschen eine Lebenshilfe zu bieten, ist wahr geworden.

DER VORTEIL UNSERES BESONDEREN KOCHBUCHS IST, DASS VON VORNHEREIN FESTSTEHT, WIE TEUER EIN GERICHT IST. Allerdings weisen wir auf zwei goldene Regeln hin. Erstens: Einkaufen nur im Discounter – und Preise vergleichen. Zweitens: Selbst an den Herd stellen und kochen. Wer sich daran hält, zaubert Leckeres zu einem günstigen Preis. Dafür verbürgen wir uns. Wir haben es selbst ausprobiert. Und das nicht nur einmal. Unsere Freunde mussten als Testpersonen für unsere neu erworbenen Kochkünste herhalten. Sie mussten probieren, ob die Gerichte schmecken. Auch wir waren Vorkoster und haben das gegessen, was wir selbst auf den Tisch gebracht haben. Die gute Nachricht: Alle haben überlebt, und es hat ihnen und uns geschmeckt.

Unser Dank gilt dem gesamten Redaktionsteam von *stern TV,* insbesondere der Redakteurin Heidrun Stangenberg und dem Moderator der Sendung, Günther Jauch, die in der Sendung unser Projekt als Erste thematisiert haben und damit das große Interesse innerhalb der Bevölkerung erst ausgelöst haben. Wir selbst waren schon davon überzeugt, dass unser Ratgeber eine echte Lebenshilfe darstellen kann. Den Durchbruch hat dann aber eindeutig der Beitrag im Fernsehen gebracht. Nach der Ausstrahlung kam die Lawine ins Rollen, und das Interesse wird nach wie vor täglich größer. Ohne *stern TV* würde es dieses Kochbuch heute wahrscheinlich noch nicht geben. Dafür nochmals vielen Dank!

Des Weiteren möchten wir Stefan Bohlmann für seine Unterstützung danken und ebenso dem ganzen Team der EGMONT Verlagsgesellschaften, das von Anfang an großes Vertrauen in uns und unser Projekt gesetzt hat.

Zum Schluss wollen wir noch erwähnen, dass dem Kochbuch noch andere Projekte von uns folgen werden. Wir arbeiten bereits an verschiedenen Nachfolge-Projekten. Die Leser dürfen schon jetzt gespannt sein.

Uwe Glinka und Kurt Meier
Frühjahr 2009

INFOS ZUM KOCHBUCH

- Die Speisepläne und Rezepte sind für 2 Personen berechnet.
- Günstige Ernährung setzt voraus, dass die Zutaten in Discountern gekauft werden. Stand der Preise in diesem Buch: April 2009. Geringe Abweichungen sind möglich.
- Die Kosten bleiben bei vielen Speiseplänen unter dem Betrag von ca. 8,80 Euro, der nach dem Hartz-IV-Regelsatz für die tägliche Ernährung von zwei Personen vorgesehen ist.
- Frühstück und Abendessen im täglichen Speiseplan variieren und können nach Wunsch ausgetauscht werden.
- Das Mittagessen als warme Speise kann natürlich auch am Abend zubereitet werden.
- Aufgeführt sind neben den Zutaten auch Getränke (z. B. 1,5 l Mineralwasser) sowie bei einigen Gerichten ein Nachtisch (z. B. Obst oder Pudding).

VERWENDETE ABKÜRZUNGEN UND BEGRIFFE:

GETR. = GETROCKNET
TK = TIEFKÜHLKOST
SORT./SORTIERT = VERSCHIEDENE SORTEN (Z. B. QUARK MIT KRÄUTERN)
EL = ESSLÖFFEL
TL = TEELÖFFEL

Gerichte mit Fleisch

Frühstück

Menge	Zutaten	Preis
4 Stück	Brötchen	0,68 €
50 g	Marmelade	0,10 €
40 g	Butter	0,14 €
2 Scheiben	Kochschinken	0,33 €
2 Scheiben	Käse	0,32 €
2 Tassen	Tee/Kaffee	0,20 €
	Summe	**1,77 €**

Mittagessen

Pichelsteiner Fleisch nach Bauernart

Menge	Zutaten	Preis
200 g	Schweinegulasch	1,00 €
200 g	Rindergulasch	1,20 €
40 g	Fett	0,45 €
1 Bund	Suppengrün	1,19 €
400 g	Kartoffeln	0,19 €
250 g	grüne Bohnen	0,24 €
1 Prise	Salz	0,05 €
1 Prise	Pfeffer	0,05 €
1 Bund	Petersilie	0,59 €
1,5 l	Mineralwasser	0,19 €
	Summe	**5,15 €**

Zubereitung

Das Fleisch in Würfel schneiden und in Fett anschmoren. Das geputzte Suppengrün fein würfeln und hinzufügen. Mit kochendem Wasser auffüllen und halb gar schmoren. Dann die geschälten Kartoffeln in Scheiben mit den Bohnen zugeben und fertig garen. Zum Schluss mit Salz und Pfeffer abschmecken und gut durchrühren. Mit Petersilie bestreut servieren.

Abendessen

Menge	Zutaten	Preis
4 Scheiben	Vollkornbrot	0,26 €
2 Scheiben	Käse	0,32 €
2 Scheiben	Kassler-Aufschnitt	0,43 €
40 g	Margarine	0,07 €
4 Stück	Gewürzgurken	0,22 €
1,5 l	Mineralwasser	0,19 €
	Summe	**1,49 €**

Gesamtsumme

8,41 €

Frühstück

Menge	Zutaten	Preis
2 Stück	Brötchen	0,34 €
50 g	Marmelade	0,10 €
40 g	Butter	0,14 €
2 Scheiben	Käse	0,32 €
100 g	Müsli	0,12 €
375 ml	Frischmilch	0,26 €
4 Tassen	Tee/Kaffee	0,40 €
	Summe	**1,68 €**

Mittagessen

Bauern-Gemüsepfanne

Menge	Zutaten	Preis
2 Stück	Mettwürstchen	0,80 €
500 g	Pfannengemüse (TK)	0,93 €
2 Stück	Eier	0,26 €
200 g	Crème fraîche	0,59 €
1 Bund	Schnittlauch	0,88 €
60 g	Gouda	0,33 €
1 Prise	Salz	0,05 €
1 Prise	Pfeffer	0,05 €
1,5 l	Mineralwasser	0,19 €
	Summe	**4,08 €**

Zubereitung

Die Mettwürstchen in Scheiben schneiden und in der Pfanne ausbraten. Das Fett abgießen. Das Gemüse zugeben und 10 Minuten dünsten. Eier, Crème fraîche und Schnittlauch verquirlen. Käse reiben und unterrühren. Salz und Pfeffer zugeben und über das Gemüse gießen. Etwa 15 Minuten stocken lassen.

Abendessen

Menge	Zutaten	Preis
4 Scheiben	Graubrot	0,26 €
4 Scheiben	Puten-Aufschnitt	0,66 €
100 g	Thüringer Mett	0,49 €
250 g	Quark sortiert	0,43 €
40 g	Margarine	0,07 €
1/2 Stück	Salatgurke	0,23 €
2 Stück	Bananen	0,43 €
1,5 l	Mineralwasser	0,19 €
	Summe	**2,76 €**

Gesamtsumme

8,52 €

Frühstück

Menge	Zutaten	Preis
4 Stück	Brötchen	0,68 €
50 g	Marmelade	0,10 €
40 g	Butter	0,14 €
2 Scheiben	Käse	0,32 €
2 Becher	Joghurt	0,38 €
2 Stück	Orangen	0,58 €
4 Tassen	Tee/Kaffee	0,40 €
	Summe	**2,60 €**

Mittagessen

Bohnen, Birnen und Speck

Menge	Zutaten	Preis
350 g	durchwachsener Speck	1,50 €
500 g	grüne Bohnen (Dose)	0,40 €
500 g	Birnen	0,60 €
1 Prise	Salz	0,05 €
1 Prise	Zucker	0,10 €
375 g	Kartoffeln	0,18 €
2 Becher	Schokopudding	0,38 €
1,5 l	Mineralwasser	0,19 €
	Summe	**3,40 €**

Zubereitung

Den Speck in Würfel schneiden und in einen Topf geben. Danach die Bohnen und oben drauf die ungeschälten, entkernten und in Stücke geschnittenen Birnen dazugeben. Etwa 1/3 Liter Wasser, Salz und Zucker hinzufügen und 45 Min. kochen. Dazu Salzkartoffeln reichen.

Abendessen

Menge	Zutaten	Preis
4 Scheiben	Graubrot	0,26 €
100 g	Thüringer Mett	0,49 €
2 Scheiben	Käse	0,32 €
40 g	Margarine	0,07 €
2 Stück	Tomaten	0,15 €
2 Stück	Äpfel	0,60 €
2 Tassen	Tee/Kaffee	0,20 €
1,5 l	Mineralwasser	0,19 €
	Summe	**2,28 €**

Gesamtsumme

8,28 €

Frühstück

Menge	Zutaten	Preis
4 Scheiben	Graubrot	0,26 €
50 g	Marmelade	0,10 €
40 g	Butter	0,14 €
2 Scheiben	Kochschinken	0,33 €
2 Becher	Joghurt	0,38 €
2 Stück	Äpfel	0,60 €
4 Tassen	Tee/Kaffee	0,40 €
	Summe	**2,21 €**

Mittagessen

Hühnerfrikassee

Menge	Zutaten	Preis
1 Stück	Suppenhuhn (ca. 1000 g)	1,99 €
1 TL	Brühe (Instant)	0,02 €
200 ml	Weißwein	0,38 €
200 g	Champignons (Dose)	0,30 €
60 g	Butter	0,21 €
3 EL	Mehl	0,05 €
100 ml	Sahne	0,15 €
1 Stück	Zitrone	0,25 €
1 Prise	Salz	0,05 €
1 Prise	Pfeffer	0,05 €
250 g	Reis	0,25 €
1,5 l	Mineralwasser	0,19 €
	Summe	**3,89 €**

Zubereitung

Das Huhn 20 Min. abkochen. Das Fleisch ablösen und zerteilen. 1/4 Liter Brühe und den Wein in einem Topf kurz aufkochen, dann die Hitze reduzieren. Die Champignons in Butter anbraten und hinzufügen. Aus Mehl und Butter eine Schwitze machen und mit der Sahne und dem Saft der Zitrone dazugeben. Kurz aufkochen und das Fleisch zugeben. Mit Salz und Pfeffer abschmecken. Dazu gekochten Reis servieren.

Abendessen

Menge	Zutaten	Preis
4 Scheiben	Schwarzbrot	0,26 €
4 Scheiben	Puten-Aufschnitt	0,66 €
40 g	Margarine	0,07 €
2 Scheiben	Käse	0,32 €
2 Stück	Bananen	0,43 €
1,5 l	Mineralwasser	0,19 €
	Summe	**1,93 €**

Gesamtsumme

8,03 €

Frühstück

Menge	Zutaten	Preis
4 Stück	Brötchen	0,68 €
50 g	Marmelade	0,10 €
40 g	Butter	0,14 €
4 Scheiben	Lachsschinken	0,48 €
2 Stück	Eier	0,26 €
2 Glas	Saft	0,30 €
4 Tassen	Tee/Kaffee	0,40 €
	Summe	**2,36 €**

Mittagessen

Himmel und Erde

Menge	Zutaten	Preis
500 g	Kartoffeln	0,24 €
150 ml	Milch	0,10 €
1 Prise	Muskat	0,05 €
1 Prise	Salz	0,05 €
1 Prise	Pfeffer	0,05 €
500 g	Äpfel	0,75 €
1/2 Stück	Zitrone	0,13 €
2 EL	Zucker	0,02 €
100 g	durchwachsener Speck	0,43 €
10 g	Butter	0,03 €
100 g	Zwiebeln	0,05 €
1,5 l	Mineralwasser	0,19 €
	Summe	**2,09 €**

Zubereitung

Kartoffeln schälen, in Stücke schneiden und in Salzwasser gar kochen. Das Wasser abgießen. Kartoffeln unter Zugabe von Milch zerstampfen. Mit Muskat, Salz und Pfeffer würzen. Äpfel schälen, vierteln und Kerngehäuse entfernen. Äpfel würfeln, mit Zitronensaft, Zucker und 6 EL Wasser in einen Topf geben. In ca. 10 Minuten weich kochen. Äpfel zerstampfen und mit dem Kartoffelbrei verrühren. Speck würfeln und in Butter kross anbraten. Zwiebeln schälen, halbieren und in Scheiben schneiden. Zu den Speckwürfeln geben und leicht anbraten. Apfel-Kartoffel-Brei mit der Speck-Zwiebel-Mischung auf Tellern anrichten.

Abendessen

Menge	Zutaten	Preis
4 Scheiben	Graubrot	0,26 €
2 Scheiben	Käse	0,32 €
4 Scheiben	Kassler-Aufschnitt	0,86 €
40 g	Margarine	0,07 €
1 Bund	Radieschen	0,49 €
2 Stück	Orangen	0,58 €
1,5 l	Mineralwasser	0,19 €
	Summe	**2,77 €**

Gesamtsumme
7,22 €

Frühstück

Menge	Zutaten	Preis
2 Scheiben	Graubrot	0,13 €
50 g	Marmelade	0,10 €
40 g	Butter	0,14 €
4 Scheiben	Lachsschinken	0,48 €
2 Stück	Rühreier	0,26 €
2 Becher	Joghurt	0,38 €
4 Tassen	Tee/Kaffee	0,40 €
	Summe	**1,89 €**

Mittagessen

Sizilianischer Fleischspieß „Vesuv“

Menge	Zutaten	Preis
150 g	Zwiebeln	0,07 €
350 g	Schweinegulasch	1,74 €
6 EL	Speiseöl	0,30 €
50 g	Knoblauch	0,35 €
150 g	Paprika grün	0,30 €
150 g	Paprika rot	0,30 €
1 Prise	Salz	0,05 €
1/2 TL	Chilipfeffer	0,07 €
200 g	Pommes frites (TK)	0,18 €
1,5 l	Mineralwasser	0,19 €
	Summe	**3,55 €**

Zubereitung

Zwiebeln bis auf eine schälen und in Scheiben schneiden. Gulasch mit Zwiebelscheiben und Öl in eine Schüssel geben. Mit gepresstem Knoblauch vermischen und für 2 Stunden kühl stellen. Paprika waschen, putzen und in Stücke schneiden. Die Zwiebel schälen und achteln. Fleisch aus der Marinade nehmen und abtropfen lassen. Vier Spieße einölen. Abwechselnd Zwiebel-, Fleisch- und Paprikastücke auf die Spieße stecken. Mit dem Marinieröl bestreichen und im Backofen unter dem Grill ca. 15 Minuten rösten. Dabei ab und zu wenden. Mit Salz und Chilipfeffer würzen. Dazu Pommes frites reichen.

Abendessen

Menge	Zutaten	Preis
4 Scheiben	Schwarzbrot	0,26 €
4 Scheiben	Kassler-Aufschnitt	0,86 €
6 Scheiben	Truthahn-Aufschnitt	0,42 €
40 g	Margarine	0,07 €
2 Stück	Orangen	0,58 €
1,5 l	Mineralwasser	0,19 €
	Summe	**2,38 €**

Gesamtsumme

7,82 €

Frühstück

Menge	Zutaten	Preis
4 Stück	Brötchen	0,68 €
50 g	Marmelade	0,10 €
40 g	Butter	0,14 €
4 Scheiben	Puten-Aufschnitt	0,66 €
4 Tassen	Tee/Kaffee	0,40 €
	Summe	**1,98 €**

Mittagessen

Harzer Lebergeschnetzeltes

Menge	Zutaten	Preis
400 g	Schweineleber	1,20 €
100 g	Mehl	0,05 €
1 Prise	Salz	0,05 €
1 Prise	Pfeffer	0,05 €
275 ml	Rotwein	0,39 €
2 Stück	Zwiebeln	0,08 €
1 Stück	Apfel	0,30 €
225 g	Champignons (Dose)	0,30 €
200 g	saure Sahne	0,29 €
375 g	Kartoffeln	0,18 €
200 ml	Milch	0,14 €
1,5 l	Mineralwasser	0,19 €
	Summe	**3,22 €**

Zubereitung

Die Leber in Streifen schneiden, in Mehl wenden, anbraten, salzen und mit Rotwein ablöschen. Zwiebeln und Apfel schälen und würfeln. Mit den Champignons zur Leber geben und garen. Mit saurer Sahne verfeinern und mit Salz und Pfeffer abschmecken. Kartoffeln schälen und in Salzwasser gar kochen. Wasser abgießen. Die Kartoffeln zerstampfen und nach und nach die Milch hinzugeben, bis die gewünschte Konsistenz erreicht ist. Lebergeschnetzeltes mit dem Püree servieren.

Abendessen

Menge	Zutaten	Preis
4 Scheiben	Graubrot	0,26 €
4 Scheiben	Kassler-Aufschnitt	0,86 €
40 g	Margarine	0,07 €
2 Scheiben	Käse	0,32 €
1/2 Stück	Salatgurke	0,23 €
2 Becher	Schokopudding	0,38 €
1,5 l	Mineralwasser	0,19 €
	Summe	**2,31 €**

Gesamtsumme

7,51 €

Frühstück

Menge	Zutaten	Preis
4 Stück	Brötchen	0,68 €
50 g	Marmelade	0,10 €
40 g	Butter	0,14 €
2 Scheiben	Käse	0,32 €
2 Stück	Spiegeleier	0,26 €
2 Stück	Birnen	0,40 €
2 Tassen	Tee/Kaffee	0,20 €
2 Glas	Saft	0,30 €
	Summe	**2,40 €**

Mittagessen

Zitronen-Hähnchenschenkel „Meran“

Menge	Zutaten	Preis
600 g	Hähnchenschenkel	1,25 €
300 g	Zwiebeln	0,14 €
400 g	Kartoffeln	0,19 €
1 Prise	Salz	0,05 €
1 Prise	Pfeffer	0,05 €
60 ml	Olivenöl	0,08 €
2 Stück	Zitronen	0,50 €
1,5 l	Mineralwasser	0,19 €
	Summe	**2,45 €**

Zubereitung

Hähnchenschenkel waschen, trocken tupfen und auf ein leicht gefettetes Backblech legen. Zwiebeln und Kartoffeln schälen und, falls nötig, klein schneiden. Dann auf dem Blech zwischen den Hähnchenschenkeln verteilen. Mit Salz und Pfeffer würzen. Olivenöl und den Saft der Zitronen vermischen. Zwiebeln, Kartoffeln und Hähnchenschenkel damit bepinseln, den Rest der Flüssigkeit darübergießen. Im Backofen ca. 30 Minuten bei Unterhitze garen, dann unter dem Grill (niedrigste Stufe) bräunen.

Abendessen

Menge	Zutaten	Preis
4 Scheiben	Vollkornbrot	0,26 €
250 g	Quark sortiert	0,43 €
2 Scheiben	Mettwurst	0,17 €
4 Scheiben	Kassler-Aufschnitt	0,86 €
40 g	Margarine	0,07 €
2 Stück	Bananen	0,43 €
2 Tassen	Tee/Kaffee	0,20 €
1,5 l	Mineralwasser	0,19 €
	Summe	**2,61 €**

Gesamtsumme

7,46 €

Frühstück

Menge	Zutaten	Preis
4 Stück	Brötchen	0,68 €
50 g	Marmelade	0,10 €
40 g	Butter	0,14 €
2 Scheiben	Käse	0,32 €
4 Scheiben	Lachsschinken	0,48 €
4 Tassen	Tee/Kaffee	0,40 €
	Summe	**2,12 €**

Mittagessen

Westfälische Räuberpfanne

Menge	Zutaten	Preis
400 g	Schweinenacken	2,00 €
2 EL	Fett	0,05 €
1 Prise	Salz	0,05 €
1 Prise	Pfeffer	0,10 €
200 g	Thüringer Mett	0,98 €
400 g	Champignons	0,60 €
150 g	Gouda	0,83 €
200 g	saure Sahne	0,29 €
375 g	Kartoffeln	0,18 €
1,5 l	Mineralwasser	0,19 €
	Summe	**5,27 €**

Zubereitung

Das Fleisch in dünne Scheiben schneiden. Eine Auflaufform einfetten und mit den Fleischscheiben auslegen. Mit Pfeffer und Salz würzen. Mett, Champignons und in Streifen geschnittenen Käse darüberschichten. Mit saurer Sahne übergießen und im Backofen bei 180 Grad etwa 90 Minuten backen. Dazu Salzkartoffeln reichen.

Abendessen

Menge	Zutaten	Preis
4 Scheiben	Graubrot	0,26 €
2 Scheiben	Käse	0,32 €
2 Scheiben	Kochschinken	0,33 €
40 g	Margarine	0,07 €
1,5 l	Mineralwasser	0,19 €
	Summe	**1,17 €**

Gesamtsumme

8,56 €

Frühstück

Menge	Zutaten	Preis
2 Stück	Brötchen	0,34 €
50 g	Marmelade	0,10 €
40 g	Butter	0,14 €
2 Scheiben	Käse	0,32 €
375 ml	Frischmilch	0,26 €
200 g	Cornflakes	0,25 €
2 Stück	Orangen	0,58 €
4 Tassen	Tee/Kaffee	0,40 €
	Summe	**2,39 €**

Mittagessen

Ammerländer Schinkenauflauf

Menge	Zutaten	Preis
150 g	Mehl	0,08 €
1 Prise	Salz	0,05 €
75 g	Margarine	0,11 €
125 g	Kochschinken	0,81 €
150 g	Tomaten	0,13 €
100 g	Gouda am Stück	0,55 €
4 Stück	Eier	0,52 €
100 ml	Sahne	0,18 €
1 Prise	Pfeffer	0,05 €
1,5 l	Mineralwasser	0,19 €
	Summe	**2,67 €**

Zubereitung

Mehl, Margarine, Salz und ein wenig Wasser zu einem glatten Teig verkneten. Für 30 Minuten kalt stellen. Dann ausrollen und den Boden einer gefetteten Springform auslegen. Der Rand sollte etwa 2 Zentimeter hoch stehen. Schinken in Würfel schneiden und auf den Teig geben, gewaschene Tomaten in halbe Scheiben schneiden und darauflegen. Im auf 180 Grad vorgeheizten Ofen ca. 10 Minuten backen. Dann den Käse darüber verteilen. Eier, Sahne, Pfeffer und Salz verquirlen und darübergießen. Weitere 15 Minuten backen.

Abendessen

Menge	Zutaten	Preis
4 Scheiben	Schwarzbrot	0,26 €
2 Scheiben	Käse	0,32 €
4 Scheiben	Kassler-Aufschnitt	0,86 €
40 g	Margarine	0,07 €
2 Stück	Tomaten	0,15 €
2 Becher	Joghurt	0,38 €
1,5 l	Mineralwasser	0,19 €
	Summe	**2,23 €**

Gesamtsumme

7,29 €

Frühstück

Menge	Zutaten	Preis
2 Stück	Brötchen	0,34 €
50 g	Marmelade	0,10 €
40 g	Butter	0,14 €
2 Scheiben	Käse	0,32 €
375 ml	Frischmilch	0,26 €
200 g	Müsli	0,25 €
4 Tassen	Tee/Kaffee	0,40 €
	Summe	**1,81 €**

Mittagessen

Badischer Zwiebelrostbraten

Menge	Zutaten	Preis
500 g	Rinderbraten	3,10 €
1 Prise	Salz	0,05 €
1 Prise	Pfeffer	0,05 €
50 g	Senf	0,10 €
3 EL	Speiseöl	0,15 €
200 g	Zwiebeln	0,10 €
200 g	saure Sahne	0,29 €
350 g	Spätzle	0,60 €
2 Becher	Schokopudding	0,38 €
1,5 l	Mineralwasser	0,19 €
	Summe	**5,01 €**

Zubereitung

Fleisch mit Salz und Pfeffer würzen und rundherum mit Senf einreiben. In dem Öl von allen Seiten anbraten. Zwiebeln schälen, hacken und dazugeben. Zugedeckt ca. 1 1/2 Stunden schmoren lassen. Fond mit Sahne andicken und abschmecken. Dazu Spätzle reichen.

Abendessen

Menge	Zutaten	Preis
4 Scheiben	Graubrot	0,26 €
100 g	Thüringer Mett	0,49 €
2 Scheiben	Kochschinken	0,33 €
40 g	Margarine	0,07 €
2 Stück	Tomaten	0,15 €
4 Stück	Gewürzgurken	0,22 €
1,5 l	Mineralwasser	0,19 €
	Summe	**1,71 €**

Gesamtsumme

8,53 €

Frühstück

Menge	Zutaten	Preis
4 Stück	Brötchen	0,68 €
50 g	Marmelade	0,10 €
40 g	Butter	0,14 €
2 Scheiben	Käse	0,32 €
2 Becher	Joghurt	0,38 €
2 Stück	Orangen	0,58 €
4 Tassen	Tee/Kaffee	0,40 €
	Summe	**2,60 €**

Mittagessen

Augsburger Dampfnudeln mit Speck und Backobst

Menge	Zutaten	Preis
200 g	Mehl	0,10 €
100 ml	Milch	0,07 €
15 g	Hefe	0,03 €
60 g	Butter	0,21 €
1 Stück	Ei	0,13 €
1 Prise	Salz	0,05 €
4 EL	Zucker	0,04 €
200 g	Backobst	0,68 €
125 g	durchwachsener Speck	0,54 €
1,5 l	Mineralwasser	0,19 €
	Summe	**2,04 €**

Zubereitung

Mehl, lauwarme Milch, Hefe, 40 Gramm Butter, Ei, Salz und Zucker zu einem festen Teig kneten. Zugedeckt 20 Minuten gehen lassen. Aus dem Teig Klöße formen und auf einem bemehlten Tuch weitere 20 Minuten gehen lassen. Das Backobst mit etwas Zucker in wenig Wasser dünsten. In einem Topf etwa 1 Zentimeter hoch Wasser mit 20 Gramm Butter, Salz und Zucker zum Kochen bringen. Die Hefeklöße hineinsetzen und 15 bis 20 Minuten ziehen lassen. Speck würfeln und auslassen. Dampfnudeln herausnehmen und den Speck daraufgeben. Dazu das Backobst reichen.

Abendessen

Menge	Zutaten	Preis
4 Scheiben	Graubrot	0,26 €
4 Scheiben	Kassler-Aufschnitt	0,86 €
40 g	Margarine	0,07 €
2 Scheiben	Käse	0,32 €
1/2 Stück	Salatgurke	0,23 €
2 Becher	Schokopudding	0,38 €
1,5 l	Mineralwasser	0,19 €
	Summe	**2,31 €**

Gesamtsumme

6,95 €

Frühstück

Menge	Zutaten	Preis
4 Scheiben	Graubrot	0,26 €
50 g	Marmelade	0,10 €
40 g	Butter	0,14 €
4 Scheiben	Lachsschinken	0,48 €
2 Becher	Joghurt	0,38 €
4 Tassen	Tee/Kaffee	0,40 €
	Summe	**1,76 €**

Mittagessen

Schmorgurken mit Hackfleisch

Menge	Zutaten	Preis
400 g	gemischtes Hackfleisch	1,33 €
3 EL	Speiseöl	0,15 €
2 Stück	Zwiebeln	0,10 €
400 g	Schmorgurken	0,48 €
850 g	geschälte Tomaten (Dose)	0,55 €
200 g	Crème fraîche	0,59 €
1 Prise	Salz	0,05 €
1 Prise	Pfeffer	0,05 €
375 g	Kartoffeln	0,17 €
2 Stück	Bananen	0,43 €
1,5 l	Mineralwasser	0,19 €
	Summe	**4,09 €**

Zubereitung

Hackfleisch in Fett gut anbraten. Zwiebeln schälen und würfeln. Hinzugeben und glasig schmoren. Die geschälten und in Stücke geschnittenen Gurken sowie die gewürfelten Tomaten zum Hack geben. Alles ca. 30 Minuten garen. Crème fraîche hinzufügen und mit Salz und Pfeffer abschmecken. Als Beilage Salzkartoffeln reichen.

Abendessen

Menge	Zutaten	Preis
4 Scheiben	Vollkornbrot	0,26 €
4 Scheiben	Kassler-Aufschnitt	0,86 €
250 g	Quark sortiert	0,43 €
2 Scheiben	Käse	0,32 €
40 g	Margarine	0,07 €
2 Becher	Schokopudding	0,38 €
1,5 l	Mineralwasser	0,19 €
	Summe	**2,51 €**

Gesamtsumme

8,36 €

Frühstück

Menge	Zutaten	Preis
2 Stück	Brötchen	0,34 €
50 g	Marmelade	0,10 €
40 g	Butter	0,14 €
2 Scheiben	Käse	0,32 €
375 ml	Frischmilch	0,26 €
150 g	Müsli	0,19 €
4 Tassen	Tee/Kaffee	0,40 €
	Summe	**1,75 €**

Mittagessen

Hähnchenbrust auf Spitzkohlsalat

Menge	Zutaten	Preis
250 g	grüne Bohnen	0,19 €
1 Stück	Spitzkohl	1,55 €
300 g	Zwiebeln	0,14 €
2 EL	Mayonnaise	0,08 €
150 g	Joghurt	0,14 €
20 ml	Zitronensaft	0,05 €
1 Prise	Salz	0,05 €
1 Prise	Pfeffer	0,05 €
250 g	Hähnchenbrust	1,25 €
30 ml	Olivenöl	0,04 €
1,5 l	Mineralwasser	0,19 €
	Summe	**3,73 €**

Zubereitung

Geputzte Bohnen in Salzwasser ca. 7 Minuten kochen. Abgießen und abschrecken. Den Spitzkohl putzen, in Streifen schneiden und waschen. Zwiebeln schälen und in feine Ringe schneiden. Mayonnaise mit Joghurt, 2 El Zitronensaft, Salz und Pfeffer verrühren. Hähnchenbrust würfeln und salzen. In 2 El heißem Olivenöl rundherum goldbraun anbraten. Herausnehmen und beiseite stellen. 2 El Olivenöl in die Pfanne geben und den Kohl darin bei starker Hitze ca. 2 Minuten braten. Salzen, pfeffern und die Bohnen unterheben. Mit 1 El Zitronensaft würzen, Fleisch untermischen. Auf Teller geben und mit Joghurtsoße beträufeln.

Abendessen

Menge	Zutaten	Preis
4 Scheiben	Vollkornbrot	0,26 €
2 Scheiben	Kochschinken	0,33 €
6 Scheiben	Truthahn-Aufschnitt	0,42 €
40 g	Margarine	0,07 €
250 g	Quark sortiert	0,43 €
2 Stück	Orangen	0,58 €
1,5 l	Mineralwasser	0,19 €
	Summe	**2,28 €**

Gesamtsumme

7,76 €

Frühstück

Menge	Zutaten	Preis
4 Stück	Brötchen	0,68 €
50 g	Marmelade	0,10 €
40 g	Butter	0,14 €
2 Scheiben	Käse	0,32 €
4 Scheiben	Lachsschinken	0,48 €
2 Stück	Äpfel	0,60 €
4 Tassen	Tee/Kaffee	0,40 €
	Summe	**2,72 €**

Mittagessen

Leberkäse mit Spinat und Kartoffelbrei

Menge	Zutaten	Preis
400 g	Kartoffeln	0,19 €
200 ml	Milch	0,14 €
1 Prise	Salz	0,05 €
1 Prise	Pfeffer	0,05 €
300 g	Spinat (TK)	0,26 €
5 EL	Speiseöl	0,25 €
200 g	Leberkäse	0,36 €
2 Stück	Eier	0,26 €
300 g	Apfelmus	0,50 €
1,5 l	Mineralwasser	0,19 €
	Summe	**2,25 €**

Zubereitung

Die Kartoffeln schälen und kochen. Wasser abgießen und die Kartoffeln zerstampfen. Dabei nach und nach die Milch zugeben. Den Kartoffelbrei mit Salz abschmecken. Spinat mit Öl in einem Topf erhitzen. Etwas Öl in einer Pfanne erhitzen und den Leberkäse darin von beiden Seiten anbraten. Zwei Spiegeleier zubereiten und mit Salz und Pfeffer würzen. Kartoffelbrei, Spinat und Leberkäse auf Tellern anrichten. Auf den Leberkäse je ein Spiegelei geben. Dazu Apfelmus servieren.

Abendessen

Menge	Zutaten	Preis
4 Scheiben	Vollkornbrot	0,26 €
4 Scheiben	Kassler-Aufschnitt	0,86 €
250 g	Quark sortiert	0,43 €
2 Scheiben	Käse	0,32 €
40 g	Margarine	0,07 €
2 Becher	Joghurt	0,38 €
1,5 l	Mineralwasser	0,19 €
	Summe	**2,51 €**

Gesamtsumme
7,48 €

Frühstück

Menge	Zutaten	Preis
4 Stück	Brötchen	0,68 €
50 g	Marmelade	0,10 €
40 g	Butter	0,14 €
2 Scheiben	Kochschinken	0,33 €
4 Tassen	Tee/Kaffee	0,40 €
	Summe	**1,65 €**

Mittagessen

Grünkohl mit Kassler

Menge	Zutaten	Preis
1000 g	Grünkohl	1,99 €
2 Stück	Zwiebeln	0,08 €
50 g	Schweineschmalz	0,10 €
2 TL	Fleischbrühe (Instant)	0,04 €
500 g	Kassler-Nacken	2,50 €
1 Prise	Salz	0,05 €
1 Prise	Pfeffer	0,05 €
1 Prise	Muskat	0,05 €
450 g	Kartoffeln	0,22 €
1,5 l	Mineralwasser	0,19 €
	Summe	**5,27 €**

Zubereitung

Grünkohl waschen und Blätter in Streifen schneiden. Dabei Stiele entfernen. Zwiebeln abziehen, würfeln und in dem Schweineschmalz anschmoren. Dann den Kohl zugeben und mit 1/2 Liter heißer Brühe übergießen. Bei mittlerer Hitze 60 Minuten köcheln. Nach 30 Minuten das Kassler hinzufügen und fertig garen. Zum Schluss mit Salz, Pfeffer sowie Muskat abschmecken. Dazu Salzkartoffeln reichen.

Abendessen

Menge	Zutaten	Preis
4 Scheiben	Schwarzbrot	0,26 €
4 Scheiben	Puten-Aufschnitt	0,66 €
40 g	Margarine	0,07 €
2 Scheiben	Käse	0,32 €
1,5 l	Mineralwasser	0,19 €
	Summe	**1,50 €**

Gesamtsumme

8,42 €

Frühstück

Menge	Zutaten	Preis
4 Stück	Brötchen	0,68 €
50 g	Marmelade	0,10 €
40 g	Butter	0,14 €
4 Scheiben	Puten-Aufschnitt	0,66 €
425 g	Obstsalat	0,55 €
4 Tassen	Tee/Kaffee	0,40 €
	Summe	**2,53 €**

Mittagessen

Kärntner Nudelfleckerl

Menge	Zutaten	Preis
100 g	Paprika grün	0,20 €
100 g	Paprika rot	0,20 €
100 g	Zwiebeln	0,05 €
75 g	durchwachsener Speck	0,32 €
200 g	Bandnudeln gelb	1,00 €
4 EL	Speiseöl	0,20 €
1 TL	Brühe (Instant)	0,02 €
50 g	Gouda am Stück	0,27 €
1/2 Bund	Schnittlauch	0,44 €
1 Prise	Salz	0,05 €
1 Prise	Pfeffer	0,05 €
1 TL	Paprikapulver	0,05 €
1,5 l	Mineralwasser	0,19 €
	Summe	**2,85 €**

Zubereitung

Paprika waschen, putzen und grob würfeln. Zwiebeln schälen und fein würfeln. Den Speck in breite Streifen schneiden. Die Nudeln in Stücke brechen und nach Packungsanleitung kochen. Inzwischen den Speck in 2 El Öl in einer Pfanne ausbraten und herausnehmen. 2 El Öl in die Pfanne geben und Paprika sowie Zwiebeln darin 2 Minuten andünsten. 1/4 Liter Brühe dazugeben und ca. 15 Minuten köcheln lassen. Käse raspeln. Schnittlauch in Röllchen schneiden. Paprika mit Salz, Pfeffer und Paprikapulver würzen. Die Nudeln, Schnittlauch und Speck unter die Paprika mischen. Mit Käse bestreuen.

Abendessen

Menge	Zutaten	Preis
4 Scheiben	Graubrot	0,26 €
2 Scheiben	Kochschinken	0,33 €
2 Scheiben	Käse	0,32 €
40 g	Margarine	0,07 €
1 Bund	Radieschen	0,49 €
2 Stück	Äpfel	0,60 €
1,5 l	Mineralwasser	0,19 €
	Summe	**2,26 €**

Gesamtsumme

7,64 €

Frühstück

Menge	Zutaten	Preis
2 Stück	Brötchen	0,34 €
50 g	Marmelade	0,10 €
40 g	Butter	0,14 €
2 Scheiben	Käse	0,32 €
375 ml	Frischmilch	0,26 €
150 g	Cornflakes	0,19 €
4 Tassen	Tee/Kaffee	0,40 €
	Summe	**1,75 €**

Mittagessen

Rotwein-Schweinegulasch

Menge	Zutaten	Preis
500 g	Schweinegulasch	2,50 €
3 EL	Speiseöl	0,15 €
2 Stück	Zwiebeln	0,08 €
275 ml	Rotwein	0,39 €
2 TL	Gemüsebrühe (Instant)	0,04 €
1 EL	Speisestärke	0,10 €
1 Prise	Salz	0,05 €
1 Prise	Pfeffer	0,05 €
1 Prise	Paprikapulver	0,05 €
375 g	Spiralnudeln	0,37 €
1,5 l	Mineralwasser	0,19 €
	Summe	**3,97 €**

Zubereitung

Öl in einem Topf erhitzen und das Fleisch scharf anbraten. Die Zwiebeln schälen, würfeln und zugeben. Nach 5 Minuten mit Rotwein ablöschen und 1/2 Liter heiße Brühe zugeben. 90 Minuten köcheln lassen, dann mit Stärke abbinden. Mit Salz, Pfeffer und Paprika abschmecken. Dazu Spiralnudeln reichen.

Abendessen

Menge	Zutaten	Preis
4 Scheiben	Graubrot	0,26 €
100 g	Thüringer Mett	0,49 €
4 Scheiben	Kassler-Aufschnitt	0,86 €
40 g	Margarine	0,07 €
2 Stück	Tomaten	0,15 €
2 Becher	Joghurt	0,38 €
1,5 l	Mineralwasser	0,19 €
	Summe	**2,40 €**

Gesamtsumme

8,12 €

Frühstück

Menge	Zutaten	Preis
4 Stück	Brötchen	0,68 €
50 g	Marmelade	0,10 €
40 g	Butter	0,14 €
4 Scheiben	Puten-Aufschnitt	0,66 €
425 g	Obstsalat	0,55 €
4 Tassen	Tee/Kaffee	0,40 €
	Summe	**2,53 €**

Mittagessen

Rosenkohlauflauf mit Kassler

Menge	Zutaten	Preis
500 g	Rosenkohl	0,50 €
225 g	Zwiebeln	0,12 €
30 g	fetter Speck	0,13 €
225 g	Champignons	0,38 €
2 TL	Fleischbrühe (Instant)	0,04 €
190 g	Kassler	1,00 €
1 Prise	Salz	0,05 €
1 Prise	Pfeffer	0,05 €
1 Prise	Muskat	0,05 €
2 Stück	Orangen	0,58 €
1,5 l	Mineralwasser	0,19 €
	Summe	**3,09 €**

Zubereitung

Rosenkohl putzen. Pilze putzen und halbieren. Zwiebeln schälen und würfeln. Speck in einem Topf auslassen. Zwiebeln würfeln und darin glasig dünsten, dann Rosenkohl und Pilze dazugeben. 1/2 Liter heiße Brühe anfüllen und kurz aufkochen. Zugedeckt 20 Minuten köcheln lassen. Kassler in Streifen schneiden und 5 Minuten mitkochen. Mit Salz, Pfeffer und Muskat abschmecken.

Abendessen

Menge	Zutaten	Preis
4 Scheiben	Schwarzbrot	0,26 €
40 g	Margarine	0,07 €
1/2 Stück	Salatgurke	0,23 €
250 g	Quark sortiert	0,43 €
2 Scheiben	Käse	0,32 €
2 Stück	Birnen	0,40 €
1,5 l	Mineralwasser	0,19 €
	Summe	**1,90 €**

Gesamtsumme

7,52 €

Frühstück

Menge	Zutaten	Preis
2 Stück	Brötchen	0,34 €
50 g	Marmelade	0,10 €
40 g	Butter	0,14 €
2 Scheiben	Käse	0,32 €
375 ml	Frischmilch	0,26 €
150 g	Cornflakes	0,19 €
4 Tassen	Tee/Kaffee	0,40 €
	Summe	**1,75 €**

Mittagessen

Badische Maultaschen mit Spinat

Menge	Zutaten	Preis
150 g	gemischtes Hackfleisch	0,51 €
200 g	Spinat (TK)	0,17 €
7 Stück	kleine Zwiebeln	0,05 €
2 Stück	Eier	0,26 €
4 EL	Paniermehl	0,03 €
1 Prise	Salz	0,05 €
1 Prise	Pfeffer	0,05 €
250 g	Nudelteig (Kühlregal)	0,70 €
6 TL	Brühe (Instant)	0,12 €
30 g	Butter	0,10 €
1,5 l	Mineralwasser	0,19 €
	Summe	**2,23 €**

Zubereitung

Hackfleisch mit aufgetautem Spinat, 1 gewürfelten Zwiebel, 1 Ei, Salz und Paniermehl vermischen. Nudelteig ausbreiten und halbieren. Teighälften mit 1 verquirlten Ei bestreichen. Hackmasse esslöffelweise im Abstand von 2–3 cm auf einer Teighälfte verteilen (ergibt ca. 6–8 Maultaschen). Die andere Hälfte des Teigs darauflegen und an den freien Stellen andrücken. Teigtaschen ausschneiden und die Ränder zusammendrücken. Maultaschen in 1/2 Liter köchelnder Brühe 5 Minuten ziehen lassen. Abtropfen lassen und warm stellen. Übrige Zwiebeln in Ringe schneiden und in Butter mit Salz anbräunen. Maultaschen auf Tellern anrichten und Zwiebeln darübergeben.

Abendessen

Menge	Zutaten	Preis
4 Scheiben	Schwarzbrot	0,26 €
4 Scheiben	Kassler-Aufschnitt	0,86 €
6 Scheiben	Truthahn-Aufschnitt	0,42 €
40 g	Margarine	0,07 €
2 Becher	Schokopudding	0,38 €
2 Stück	Äpfel	0,60 €
1,5 l	Mineralwasser	0,19 €
	Summe	**2,78 €**

Gesamtsumme

6,76 €

Frühstück

Menge	Zutaten	Preis
2 Stück	Brötchen	0,34 €
50 g	Marmelade	0,10 €
40 g	Butter	0,14 €
2 Scheiben	Käse	0,32 €
375 ml	Frischmilch	0,26 €
150 g	Müsli	0,19 €
4 Tassen	Tee/Kaffee	0,40 €
	Summe	**1,75 €**

Mittagessen

Märkischer Bauernauflauf

Menge	Zutaten	Preis
100 g	durchwachsener Speck	0,43 €
400 g	Kartoffeln	0,20 €
200 g	Zwiebeln	0,10 €
1 Prise	Salz	0,05 €
1 Prise	Pfeffer	0,05 €
200 g	saure Sahne	0,29 €
4 Stück	Mettwürstchen	1,59 €
3 Stück	Eier	0,39 €
1,5 l	Mineralwasser	0,19 €
	Summe	**3,29 €**

Zubereitung

Den Speck würfeln und auslassen. Die Kartoffeln schälen und in Scheiben schneiden. Zwiebeln schälen und würfeln. Kartoffeln und Zwiebeln dazugeben und anbraten. Mit Salz und Pfeffer abschmecken. Die Hälfte in eine gefettete Form geben und mit etwas Sahne beträufeln. Die Mettwürstchen in Scheiben schneiden und darauf verteilen. Mit den restlichen Kartoffeln bedecken. Die Eier mit der übrigen Sahne verquirlen und darübergießen. Im Ofen bei 180 Grad ca. 30 Minuten backen.

Abendessen

Menge	Zutaten	Preis
4 Scheiben	Graubrot	0,26 €
100 g	Thüringer Mett	0,49 €
2 Scheiben	Kochschinken	0,33 €
40 g	Margarine	0,07 €
2 Stück	Tomaten	0,15 €
2 Becher	Joghurt	0,38 €
2 Stück	Orangen	0,58 €
1,5 l	Mineralwasser	0,19 €
	Summe	**2,45 €**

Gesamtsumme

7,49 €

Frühstück

Menge	Zutaten	Preis
4 Scheiben	Knäckebrot	0,26 €
50 g	Marmelade	0,10 €
40 g	Butter	0,14 €
2 Scheiben	Käse	0,32 €
4 Scheiben	Kassler-Aufschnitt	0,86 €
2 Tassen	Tee/Kaffee	0,20 €
	Summe	**1,88 €**

Mittagessen

Hähnchenschnitzel Heideart

Menge	Zutaten	Preis
400 g	Hähnchenschnitzel	2,70 €
1 Prise	Salz	0,05 €
1 Prise	Curry	0,10 €
225 g	Champignons	0,30 €
200 ml	Sahne	0,39 €
200 g	Crème fraîche	0,59 €
100 g	Gouda am Stück	0,59 €
250 g	Pommes frites (TK)	0,28 €
1,5 l	Mineralwasser	0,19 €
	Summe	**5,19 €**

Zubereitung

Die Hähnchenschnitzel mit Curry und Salz einreiben. Auf ein Backblech legen und die geputzten Pilze darüber verteilen. Die Sahne mit der Crème fraîche verrühren und über die Schnitzel geben. Den Gouda reiben und darüberstreuen. Bei 170 Grad etwa 1 Stunde backen. Dazu nach Packungsanleitung zubereitete Pommes frites reichen.

Abendessen

Menge	Zutaten	Preis
4 Scheiben	Vollkornbrot	0,26 €
2 Scheiben	Kochschinken	0,33 €
40 g	Margarine	0,07 €
250 g	Quark sortiert	0,43 €
1,5 l	Mineralwasser	0,19 €
	Summe	**1,28 €**

Gesamtsumme

8,35 €

Frühstück

Menge	Zutaten	Preis
4 Stück	Brötchen	0,68 €
50 g	Marmelade	0,10 €
40 g	Butter	0,14 €
4 Scheiben	Puten-Aufschnitt	0,66 €
425 g	Obstsalat	0,55 €
4 Tassen	Tee/Kaffee	0,40 €
	Summe	**2,53 €**

Mittagessen

Brandenburgische Puffer „Alter Fritz"

Menge	Zutaten	Preis
800 g	Kartoffeln	0,38 €
2 EL	Mehl	0,01 €
300 g	Zwiebeln	0,14 €
1 Stück	Ei	0,13 €
1 Prise	Majoran	0,05 €
1 Prise	Kümmelpulver	0,05 €
1 Prise	Salz	0,05 €
1 Prise	Pfeffer	0,05 €
250 g	gemischtes Hackfleisch	0,85 €
8 EL	Speiseöl	0,40 €
1,5 l	Mineralwasser	0,19 €
	Summe	**2,30 €**

Zubereitung

Kartoffeln schälen, reiben und 30 Minuten ruhen lassen. Saft abgießen und die Kartoffelmasse mit Mehl binden. Geriebene Zwiebel, Eier, Majoran und Kümmel zufügen und gut vermengen. Hack mit Salz und Pfeffer würzen. Mit einer Schöpfkelle die Kartoffelmasse in eine Pfanne mit heißem Öl geben und zu flachen Puffern drücken. Von beiden Seiten kurz anbraten. Herausnehmen und abtropfen lassen. Puffer mit Hackfleischmasse bestreichen. Von der schmalen Seite her einrollen. Nochmals in der Pfanne von allen Seiten anbraten, bis sie knusprig sind.

Abendessen

Menge	Zutaten	Preis
4 Scheiben	Vollkornbrot	0,26 €
4 Scheiben	Kassler-Aufschnitt	0,86 €
250 g	Quark sortiert	0,43 €
2 Scheiben	Käse	0,32 €
40 g	Margarine	0,07 €
2 Becher	Joghurt	0,38 €
2 Stück	Orangen	0,58 €
1,5 l	Mineralwasser	0,19 €
	Summe	**3,09 €**

Gesamtsumme

7,92 €

Frühstück

Menge	Zutaten	Preis
2 Stück	Brötchen	0,34 €
50 g	Marmelade	0,10 €
40 g	Butter	0,14 €
2 Scheiben	Käse	0,32 €
375 ml	Frischmilch	0,26 €
200 g	Cornflakes	0,25 €
4 Tassen	Tee/Kaffee	0,40 €
	Summe	**1,81 €**

Mittagessen

Bardowicker Möhren und Kartoffeln

Menge	Zutaten	Preis
500 g	Kassler-Nacken	2,49 €
500 g	Möhren	0,28 €
500 g	Kartoffeln	0,24 €
1 Prise	Salz	0,05 €
1 Prise	Zucker	0,01 €
1 Bund	Petersilie	0,59 €
2 Becher	Joghurt	0,38 €
1,5 l	Mineralwasser	0,19 €
	Summe	**4,23 €**

Zubereitung

Das Fleisch 1 Stunde kochen, nach 1/2 Stunde gewürfelte Möhren dazugeben. Dann das Fleisch herausnehmen, klein schneiden und mit gewürfelten Kartoffeln wieder zugeben. Nach ca. 20 Minuten alles leicht zerstampfen. Mit Salz und Zucker abschmecken. Gehackte Petersilie unterheben.

Abendessen

Menge	Zutaten	Preis
4 Scheiben	Graubrot	0,26 €
4 Scheiben	Lachsschinken	0,48 €
100 g	Thüringer Mett	0,49 €
40 g	Margarine	0,07 €
2 Scheiben	Käse	0,32 €
2 Stück	Birnen	0,40 €
2 Tassen	Tee/Kaffee	0,20 €
1,5 l	Mineralwasser	0,19 €
	Summe	**2,41 €**

Gesamtsumme
8,45 €

Frühstück

Menge	Zutaten	Preis
2 Scheiben	Graubrot	0,13 €
50 g	Marmelade	0,10 €
40 g	Butter	0,14 €
4 Scheiben	Lachsschinken	0,48 €
2 Stück	Rühreier	0,26 €
2 Becher	Joghurt	0,38 €
4 Tassen	Tee/Kaffee	0,40 €
	Summe	**1,89 €**

Mittagessen

Szegediner Gulasch

Menge	Zutaten	Preis
300 g	Schweinegulasch	1,49 €
20 g	Schweineschmalz	0,04 €
100 g	Zwiebeln	0,05 €
50 g	Knoblauch	0,35 €
1 Prise	Paprikapulver	0,05 €
1 Prise	Salz	0,05 €
1 Prise	Pfeffer	0,05 €
50 g	Tomatenmark	0,14 €
300 g	Sauerkraut	0,17 €
100 g	Kartoffeln	0,05 €
1 EL	Zucker	0,01 €
100 g	saure Sahne	0,15 €
200 g	Spiralnudeln	0,22 €
1,5 l	Mineralwasser	0,19 €
	Summe	**3,01 €**

Zubereitung

Schmalz auslassen und Gulasch von allen Seiten anbraten. Gewürfelte Zwiebeln mitschmoren und mit gehacktem Knoblauch, Paprikapulver, etwas Pfeffer und Salz würzen. Tomatenmark unterrühren und mit Wasser auffüllen. Bei geschlossenem Deckel ca. 30 Minuten schmoren. Dann Sauerkraut und rohe geriebene Kartoffeln darunterheben. Mit Pfeffer, Salz und Zucker abschmecken. Weitere 30 Minuten schmoren. Saure Sahne glatt rühren und über das Gulasch geben. Dazu Spiralnudeln oder auch Salzkartoffeln reichen.

Abendessen

Menge	Zutaten	Preis
4 Scheiben	Graubrot	0,26 €
2 Scheiben	Käse	0,32 €
2 Scheiben	Kochschinken	0,33 €
40 g	Margarine	0,07 €
1 Bund	Radieschen	0,49 €
1,5 l	Mineralwasser	0,19 €
	Summe	**1,66 €**

Gesamtsumme

6,56 €

Frühstück

Menge	Zutaten	Preis
4 Stück	Brötchen	0,68 €
50 g	Marmelade	0,10 €
40 g	Butter	0,14 €
2 Scheiben	Käse	0,32 €
375 ml	Frischmilch	0,26 €
150 g	Müsli	0,19 €
2 Stück	Orangen	0,58 €
4 Tassen	Tee/Kaffee	0,40 €
	Summe	**2,67 €**

Mittagessen

Jägerkohl mit Bratwurst

Menge	Zutaten	Preis
750 g	Weißkohl	0,75 €
375 g	Kartoffeln	0,18 €
2 Stück	Zwiebeln	0,08 €
200 g	fetter Speck	0,56 €
1 Prise	Salz	0,05 €
1 Prise	Pfeffer	0,05 €
1 Schuss	Essig	0,10 €
2 Stück	Bratwürste	0,70 €
30 g	Schmalz	0,06 €
1,5 l	Mineralwasser	0,19 €
	Summe	**2,72 €**

Zubereitung

Den Kohl in Streifen schneiden. Kartoffeln, Zwiebeln und den Speck würfeln. Die Kartoffeln 10 Minuten kochen, dann den Kohl zugeben und gar kochen. Den Speck mit den Zwiebeln anbraten und dazugeben. Mit Salz, Pfeffer und Essig abschmecken. Die Bratwürste in dem Schmalz braten und mit dem Kohlgemüse servieren.

Abendessen

Menge	Zutaten	Preis
4 Scheiben	Schwarzbrot	0,26 €
2 Scheiben	Käse	0,32 €
4 Scheiben	Kassler-Ausschnitt	0,86 €
40 g	Margarine	0,07 €
2 Stück	Tomaten	0,15 €
2 Becher	Joghurt	0,38 €
1,5 l	Mineralwasser	0,19 €
	Summe	**2,23 €**

Gesamtsumme

7,62 €

Frühstück

Menge	Zutaten	Preis
4 Stück	Brötchen	0,68 €
50 g	Marmelade	0,10 €
40 g	Butter	0,14 €
2 Scheiben	Käse	0,32 €
2 Stück	Spiegeleier	0,26 €
2 Stück	Birnen	0,40 €
2 Glas	Frischmilch	0,28 €
2 Tassen	Tee/Kaffee	0,20 €
	Summe	**2,38 €**

Mittagessen

Putengulasch

Menge	Zutaten	Preis
400 g	Putenfleisch	2,40 €
1/2 Tasse	Miracel Whip	0,47 €
1 Tüte	Zwiebelsuppe (Instant)	0,45 €
1/2 Tasse	Aprikosenmarmelade	0,24 €
100 g	saure Sahne	0,15 €
100 ml	süße Sahne	0,15 €
2 EL	Zitronensaft	0,12 €
1 Prise	Salz	0,05 €
1 Prise	Pfeffer	0,05 €
1 Prise	Curry	0,10 €
250 g	Reis	0,24 €
1,5 l	Mineralwasser	0,19 €
	Summe	**4,61 €**

Zubereitung

Das Fleisch würfeln und in einen Bräter geben. Alle übrigen Zutaten bis auf den Reis vermischen und darübergießen. Im auf 150 Grad vorgeheizten Backofen ca. 1 Stunde schmoren. Als Beilage Reis reichen.

Abendessen

Menge	Zutaten	Preis
4 Scheiben	Graubrot	0,26 €
2 Scheiben	Kochschinken	0,33 €
2 Scheiben	Käse	0,32 €
40 g	Margarine	0,07 €
1,5 l	Mineralwasser	0,19 €
	Summe	**1,17 €**

Gesamtsumme

8,16 €

Frühstück

Menge	Zutaten	Preis
4 Stück	Brötchen	0,68 €
50 g	Marmelade	0,10 €
40 g	Butter	0,14 €
4 Scheiben	Lachsschinken	0,48 €
4 Tassen	Tee/Kaffee	0,40 €
	Summe	**1,80 €**

Mittagessen

Brandenburger Rippenbraten mit Rotkohl

Menge	Zutaten	Preis
500 g	Schweinerippenbraten	2,50 €
1 Prise	Salz	0,05 €
1 Prise	Pfeffer	0,05 €
100 g	Zwiebeln	0,05 €
100 g	Möhren	0,06 €
100 g	Porree	0,20 €
100 g	Äpfel	0,15 €
100 g	Thüringer Mett	0,50 €
100 g	Backobst	0,68 €
1 Prise	Zucker	0,05 €
425 g	Rotkohl	0,25 €
375 g	Kartoffeln	0,18 €
1,5 l	Mineralwasser	0,19 €
	Summe	**4,91 €**

Zubereitung

Die Schwarte der Rippe rautenförmig einschneiden. In den Braten eine Tasche schneiden, innen und außen salzen und pfeffern. Die Zwiebel, Möhren und Porree schälen bzw. putzen, waschen und in Stücke schneiden. Für die Füllung Äpfel würfeln und mit Mett und Backobst vermischen. Mit Salz, Pfeffer und Zucker abschmecken. Die Füllung ins Fleisch geben, Öffnung mit Holzstäbchen zustecken. Braten mit der Schwarte nach unten in einen Bräter geben. 1/4 Liter kochendes Wasser zugießen. Im Ofen bei 200 Grad ca. 30 Minuten dünsten. Dabei heißes Wasser angießen. Das Gemüse dazugeben und salzen. Temperatur auf 180 Grad reduzieren und ca. 1 Stunde braten. Ab und zu mit Fond übergießen. Braten herausnehmen und in Alufolie gewickelt 15 Minuten ruhen lassen. Mit Rotkohl und Kartoffeln servieren.

Abendessen

Menge	Zutaten	Preis
4 Scheiben	Graubrot	0,26 €
2 Scheiben	Käse	0,32 €
40 g	Margarine	0,07 €
1/2 Stück	Salatgurke	0,23 €
2 Stück	Orangen	0,58 €
1,5 l	Mineralwasser	0,19 €
	Summe	**1,65 €**

Gesamtsumme

8,36 €

Frühstück

Menge	Zutaten	Preis
4 Scheiben	Knäckebrot	0,26 €
50 g	Marmelade	0,10 €
40 g	Butter	0,14 €
2 Scheiben	Käse	0,32 €
2 Stück	Eier	0,26 €
2 Becher	Joghurt	0,38 €
4 Tassen	Tee/Kaffee	0,40 €
	Summe	**1,86 €**

Mittagessen

Wirsingroulade

Menge	Zutaten	Preis
700 g	Wirsing	0,70 €
100 g	durchwachsener Speck	1,39 €
3 Stück	Zwiebeln	0,12 €
2 Stück	Brötchen	0,34 €
375 g	gemischtes Hackfleisch	1,27 €
2 Stück	Eier	0,26 €
1 Prise	Majoran	0,10 €
1 Prise	Salz	0,05 €
1 Prise	Pfeffer	0,05 €
1 TL	Fleischbrühe (Instant)	0,02 €
2 1/2 EL	Speisestärke	0,10 €
375 g	Kartoffeln	0,18 €
1,5 l	Mineralwasser	0,19 €
	Summe	**4,77 €**

Zubereitung

Wirsing in Salzwasser 10 Minuten kochen. Abschrecken und Blätter ablösen. Speck würfeln und ausbraten. 2 gehackte Zwiebeln darin anschwitzen. Die eingeweichten Brötchen mit Hackfleisch, Eiern, Majoran, Salz und Pfeffer unter die Zwiebeln und den Speck mischen. Masse auf Kohlblätter streichen und aufrollen. Die Kohlrollen mit Garn umwickeln. Eine Auflaufform mit Zwiebelscheiben auslegen. Kohlrollen daraufsetzen, mit 1/4 Liter Brühe begießen und bei 180 Grad 1 Stunde schmoren. Soße mit Stärke binden. Dazu Salzkartoffeln reichen.

Abendessen

Menge	Zutaten	Preis
4 Scheiben	Vollkornbrot	0,26 €
250 g	Quark sortiert	0,43 €
2 Scheiben	Mettwurst	0,17 €
40 g	Margarine	0,07 €
2 Stück	Bananen	0,43 €
2 Tassen	Tee/Kaffee	0,20 €
	Summe	**1,56 €**

Gesamtsumme

8,19 €

Frühstück

Menge	Zutaten	Preis
4 Stück	Brötchen	0,68 €
50 g	Marmelade	0,10 €
40 g	Butter	0,14 €
4 Scheiben	Puten-Aufschnitt	0,66 €
425 g	Obstsalat	0,55 €
2 Becher	Joghurt	0,38 €
4 Tassen	Tee/Kaffee	0,40 €
	Summe	**2,91 €**

Mittagessen

Pasta asciutta (Italien)

Menge	Zutaten	Preis
200 g	Makkaroni	0,28 €
50 g	Tomatenmark	0,14 €
1 TL	Brühe (Instant)	0,02 €
200 g	Kochschinken	1,30 €
25 g	Margarine	0,04 €
100 g	saure Sahne	0,15 €
1 Prise	Salz	0,05 €
1 Prise	Pfeffer	0,05 €
1 TL	Paprikapulver	0,05 €
50 g	geriebener Edamer	0,30 €
50 g	Butter	0,17 €
1,5 l	Mineralwasser	0,19 €
	Summe	**2,74 €**

Zubereitung

Makkaroni nach Packungsanleitung kochen. Tomatenmark in $1/4$ Liter heißer Brühe verrühren und mit gewürfeltem Schinken unter die Makkaroni mischen. Alles zusammen in eine gebutterte Auflaufform geben. Die Sahne mit Salz, Pfeffer und Paprika abschmecken, verquirlen und darübergießen. Mit Käse bestreuen und einige Butterflöckchen darauf verteilen. Im Ofen bei 200 Grad ca. 20 Minuten überbacken.

Abendessen

Menge	Zutaten	Preis
4 Scheiben	Graubrot	0,26 €
100 g	Thüringer Mett	0,49 €
2 Scheiben	Kochschinken	0,33 €
40 g	Margarine	0,07 €
2 Stück	Tomaten	0,15 €
4 Stück	Gewürzgurken	0,22 €
1,5 l	Mineralwasser	0,19 €
	Summe	**1,71 €**

Gesamtsumme

7,36 €

Frühstück

Menge	Zutaten	Preis
4 Stück	Brötchen	0,68 €
50 g	Marmelade	0,10 €
40 g	Butter	0,14 €
2 Scheiben	Käse	0,32 €
2 Stück	Spiegeleier	0,26 €
2 Stück	Birnen	0,40 €
2 Tassen	Tee/Kaffee	0,20 €
2 Glas	Saft	0,30 €
	Summe	**2,40 €**

Mittagessen

Krautnudeln „Athena“ (Griechenland)

Menge	Zutaten	Preis
750 g	Weißkohl	0,74 €
300 g	Spiralnudeln	0,33 €
25 ml	Olivenöl	0,03 €
25 g	Knoblauch	0,12 €
250 g	Rinderhackfleisch	1,13 €
1 Prise	Salz	0,05 €
1 Prise	Pfeffer	0,05 €
1 TL	Paprikapulver	0,05 €
50 g	Tomatenmark	0,14 €
1,5 l	Mineralwasser	0,19 €
	Summe	**2,83 €**

Zubereitung

Den Weißkohl in feine Streifen schneiden und waschen. Die Spiralnudeln kochen (sollten noch nicht ganz gar sein). Hackfleisch in 1 EL Olivenöl anbraten, zerdrückten Knoblauch dazugeben, mit Salz, Pfeffer und Paprika würzen. Durchgebratenes Fleisch aus der Pfanne nehmen und beiseitestellen. Den Weißkohl in die Pfanne geben, kurz andünsten, bis er glasig ist, dann bei mittlerer Hitze ca. 5 bis 10 Minuten garen (bei Bedarf Wasser zugeben). Hackfleisch und Nudeln zum Kohl geben. Vermischen, evtl. noch etwas Wasser oder Olivenöl dazugeben und aufkochen lassen. Mit Salz, Pfeffer, Paprika und Tomatenmark abschmecken.

Abendessen

Menge	Zutaten	Preis
4 Scheiben	Graubrot	0,26 €
100 g	Thüringer Mett	0,49 €
2 Scheiben	Kochschinken	0,33 €
40 g	Margarine	0,07 €
2 Stück	Tomaten	0,15 €
4 Stück	Gewürzgurken	0,22 €
1,5 l	Mineralwasser	0,19 €
	Summe	**1,71 €**

Gesamtsumme 6,94 €

Frühstück

Menge	Zutaten	Preis
2 Stück	Brötchen	0,34 €
50 g	Marmelade	0,10 €
40 g	Butter	0,14 €
2 Scheiben	Käse	0,32 €
375 ml	Frischmilch	0,26 €
150 g	Müsli	0,19 €
4 Tassen	Tee/Kaffee	0,40 €
	Summe	**1,75 €**

Mittagessen

Überbackener Blumenkohl

Menge	Zutaten	Preis
1 Stück	Blumenkohl	0,99 €
375 g	gemischtes Hackfleisch	1,27 €
2 EL	Speiseöl	0,10 €
1 Tube	Tomatenmark	0,29 €
850 ml	geschälte Tomaten (Dose)	0,55 €
1 Prise	Salz	0,05 €
1 Prise	Pfeffer	0,05 €
1 Prise	Zucker	0,10 €
40 g	Gouda am Stück	0,22 €
375 g	Kartoffeln	0,18 €
1,5 l	Mineralwasser	0,19 €
	Summe	**3,99 €**

Zubereitung

Blumenkohl putzen und waschen, in Salzwasser 15 bis 20 Minuten kochen. Hackfleisch in Öl anbraten. Tomatenmark hinzufügen und anschwitzen, dann Tomaten mit Saft dazugeben. Bei starker Hitze 10 Minuten einkochen. Mit Salz, Pfeffer und Zucker abschmecken. Alles in eine Auflaufform füllen, abgetropften Blumenkohl daraufsetzen und mit geriebenem Käse bestreuen. Im Ofen bei 200 Grad 20 bis 30 Minuten überbacken. Dazu Salzkartoffeln servieren.

Abendessen

Menge	Zutaten	Preis
4 Scheiben	Graubrot	0,26 €
2 Scheiben	Mettwurst	0,17 €
2 Scheiben	Käse	0,32 €
40 g	Margarine	0,07 €
1/2 Stück	Salatgurke	0,23 €
2 Stück	Orangen	0,58 €
1,5 l	Mineralwasser	0,19 €
	Summe	**1,82 €**

Gesamtsumme

7,56 €

Frühstück

Menge	Zutaten	Preis
4 Stück	Brötchen	0,68 €
50 g	Marmelade	0,10 €
40 g	Butter	0,14 €
2 Scheiben	Käse	0,32 €
4 Tassen	Tee/Kaffee	0,40 €
	Summe	**1,64 €**

Mittagessen

Mecklenburger Hochzeitsbraten

Menge	Zutaten	Preis
400 g	Schweinenacken	2,00 €
25 g	Senf	0,05 €
1 Prise	Majoran	0,05 €
50 g	Knoblauch	0,25 €
150 g	Äpfel	0,22 €
100 g	Zwiebeln	0,05 €
150 g	Backpflaumen	1,01 €
1 Prise	Salz	0,05 €
1 Prise	Pfeffer	0,05 €
2 1/2 EL	Speisestärke	0,10 €
500 g	Rotkohl	0,29 €
400 g	Kartoffeln	0,19 €
1,5 l	Mineralwasser	0,19 €
	Summe	**4,50 €**

Zubereitung

Schweinekamm einschneiden (oder beim Metzger einschneiden lassen). Senf mit Majoran und zerdrücktem Knoblauch mischen und damit die Tasche ausstreichen. Äpfel und Zwiebeln schälen, würfeln und mit Backpflaumen mischen. In die Tasche füllen. Schweinekamm wickeln (zunähen). Mit Salz und Pfeffer würzen. Bei 175 Grad ca. 2 Stunden in einem Bräter im Ofen schmoren. Für die Soße etwas Bratenfond abschöpfen, ein wenig Wasser dazufügen, mit Speisestärke binden und in den Bräter geben. Dazu Rotkohl und Salzkartoffeln reichen.

Abendessen

Menge	Zutaten	Preis
4 Scheiben	Vollkornbrot	0,26 €
4 Scheiben	Kassler-Aufschnitt	0,86 €
250 g	Quark sortiert	0,43 €
2 Scheiben	Käse	0,32 €
40 g	Margarine	0,07 €
2 Becher	Joghurt	0,38 €
1,5 l	Mineralwasser	0,19 €
	Summe	**2,51 €**

Gesamtsumme

8,65 €

Frühstück

Menge	Zutaten	Preis
2 Stück	Brötchen	0,34 €
50 g	Marmelade	0,10 €
40 g	Butter	0,14 €
2 Scheiben	Käse	0,32 €
375 ml	Frischmilch	0,26 €
150 g	Cornflakes	0,19 €
4 Tassen	Tee/Kaffee	0,40 €
	Summe	**1,75 €**

Mittagessen

Omas Hackbraten

Menge	Zutaten	Preis
1 Stück	altes Brötchen	0,17 €
2 Stück	Möhren	0,12 €
400 g	gemischtes Hackfleisch	1,40 €
2 Stück	Eier	0,26 €
1 Prise	Salz	0,05 €
1 Prise	Pfeffer	0,05 €
2 EL	Fett	0,20 €
5 EL	Paniermehl	0,10 €
350 g	Spätzle	0,56 €
1,5 l	Mineralwasser	0,19 €
	Summe	**3,10 €**

Zubereitung

Das Brötchen in Wasser einweichen. Möhren schälen und grob raspeln. Hackfleisch mit den Brötchen und Eiern vermischen und würzen. Eine Kastenform mit Fett einreiben und mit Brösel ausstreuen. Masse in Form geben und mit Brotpapier abdecken. 35 Minuten bei 150 Grad backen. Dazu Spätzle reichen.

Abendessen

Menge	Zutaten	Preis
4 Scheiben	Graubrot	0,26 €
2 Scheiben	Käse	0,32 €
4 Scheiben	Puten-Aufschnitt	0,66 €
40 g	Margarine	0,07 €
1/2 Stück	Salatgurke	0,23 €
2 Becher	Pudding	0,38 €
1,5 l	Mineralwasser	0,19 €
	Summe	**2,11 €**

Gesamtsumme

6,96 €

Frühstück

Menge	Zutaten	Preis
4 Scheiben	Knäckebrot	0,26 €
50 g	Marmelade	0,10 €
40 g	Butter	0,14 €
2 Scheiben	Käse	0,32 €
250 g	Quark sortiert	0,43 €
2 Stück	Orangen	0,58 €
4 Tassen	Tee/Kaffee	0,40 €
	Summe	**2,23 €**

Mittagessen

Kohlrabi-Auflauf

Menge	Zutaten	Preis
600 g	Kohlrabi	0,40 €
1 Prise	Salz	0,05 €
150 g	Kochschinken	0,99 €
50 g	Butter	0,17 €
2 Stück	Eier	0,26 €
1/8 l	Milch	0,09 €
50 g	Edamer, gerieben	0,60 €
100 g	Paniermehl	0,09 €
450 g	Kartoffeln	0,22 €
2 Becher	Joghurt	0,38 €
1,5 l	Mineralwasser	0,19 €
	Summe	**3,44 €**

Zubereitung

Kohlrabi in Scheiben schneiden und in Salzwasser garen. Im Wechsel mit Schinken in eine mit Butter eingefettete Auflaufform schichten. Die Eier mit Milch und etwas Salz verquirlen und darübergießen. Mit Käse und Paniermehl bestreuen. Butterflocken daraufsetzen und bei 170 Grad im Ofen backen, bis der Auflauf goldbraun ist. Dazu Salzkartoffeln reichen.

Abendessen

Menge	Zutaten	Preis
4 Scheiben	Vollkornbrot	0,26 €
6 Scheiben	Truthahn-Aufschnitt	0,42 €
2 Scheiben	Mettwurst	0,17 €
40 g	Margarine	0,07 €
4 Stück	Gewürzgurken	0,22 €
2 Stück	Bananen	0,43 €
2 Tassen	Tee/Kaffee	0,20 €
1,5 l	Mineralwasser	0,19 €
	Summe	**1,96 €**

Gesamtsumme

7,63 €

Gerichte ohne Fleisch

Frühstück

Menge	Zutaten	Preis
2 Scheiben	Graubrot	0,13 €
50 g	Marmelade	0,10 €
40 g	Butter	0,14 €
4 Scheiben	Lachsschinken	0,48 €
2 Stück	Rühreier	0,26 €
2 Becher	Joghurt	0,38 €
4 Tassen	Tee/Kaffee	0,40 €
	Summe	**1,89 €**

Mittagessen

Nudelauflauf „Toskana“

Menge	Zutaten	Preis
150 g	Bandnudeln grün	0,75 €
150 g	Bandnudeln gelb	0,75 €
100 g	Zwiebeln	0,05 €
4 EL	Speiseöl	0,20 €
250 g	Tomaten	0,22 €
1 Prise	Salz	0,05 €
1 Prise	Pfeffer	0,05 €
1 Prise	Paprikapulver	0,05 €
100 g	geriebener Emmentaler	0,60 €
1 Stück	Ei	0,13 €
100 ml	Sahne	0,18 €
1,5 l	Mineralwasser	0,19 €
	Summe	**3,22 €**

Zubereitung

Nudeln in Salzwasser bissfest kochen und abschütten. Zwiebeln schälen und würfeln. In 2 EL Öl glasig dünsten. Tomaten würfeln und dazugeben. Mit Salz, Pfeffer und Paprikapulver abschmecken. 1/3 der Nudeln in eine eingeölte Auflaufform geben. Mit der Hälfte der Tomatensoße bedecken. Mit 1/3 des Käses bestreuen. Die Zutaten weiter einschichten und mit Nudeln abschließen. Ei mit Sahne und Salz verrühren und darübergießen. Mit restlichem Käse bestreuen. Bei 180 Grad ca. 30 Minuten im Ofen überbacken.

Abendessen

Menge	Zutaten	Preis
4 Scheiben	Vollkornbrot	0,26 €
4 Scheiben	Kassler-Aufschnitt	0,86 €
250 g	Quark sortiert	0,43 €
2 Scheiben	Käse	0,32 €
40 g	Margarine	0,07 €
2 Becher	Pudding	0,38 €
1,5 l	Mineralwasser	0,19 €
	Summe	**2,51 €**

Gesamtsumme
7,62 €

Frühstück

Menge	Zutaten	Preis
2 Stück	Brötchen	0,34 €
50 g	Marmelade	0,10 €
40 g	Butter	0,14 €
2 Scheiben	Käse	0,32 €
375 ml	Frischmilch	0,26 €
200 g	Müsli	0,25 €
4 Tassen	Tee/Kaffee	0,40 €
	Summe	**1,81 €**

Mittagessen

Eier mit Senfsoße „Ruppiner Art"

Menge	Zutaten	Preis
400 g	Kartoffeln	0,19 €
1 Prise	Salz	0,05 €
4 Stück	Eier	0,52 €
100 g	Senf	0,18 €
100 g	Crème fraîche	0,30 €
1 Bund	Schnittlauch	0,88 €
1,5 l	Mineralwasser	0,19 €
	Summe	**2,31 €**

Zubereitung

Kartoffeln schälen, in Spalten schneiden und in Salzwasser gar kochen. Eier wahlweise in 5 Minuten wachsweich oder in 8 Minuten hart kochen und abschrecken. In einer kleinen Pfanne Senf mit der Crème fraîche und etwas Wasser verrühren und einmal aufkochen. Die Kartoffeln abgießen und auf Tellern verteilen. Eier pellen, halbieren und dazugeben. Soße darübergießen und mit Schnittlauchröllchen garniert servieren.

Abendessen

Menge	Zutaten	Preis
4 Scheiben	Graubrot	0,26 €
4 Scheiben	Puten-Aufschnitt	0,66 €
2 Scheiben	Mettwurst	0,17 €
2 Scheiben	Käse	0,32 €
40 g	Margarine	0,07 €
1/2 Stück	Salatgurke	0,23 €
2 Stück	Orangen	0,58 €
2 Tassen	Tee/Kaffee	0,20 €
	Summe	**2,49 €**

Gesamtsumme
6,61 €

Frühstück

Menge	Zutaten	Preis
4 Stück	Brötchen	0,68 €
50 g	Marmelade	0,10 €
40 g	Butter	0,14 €
2 Scheiben	Käse	0,32 €
4 Scheiben	Lachsschinken	0,48 €
4 Tassen	Tee/Kaffee	0,40 €
	Summe	**2,12 €**

Mittagessen

Brokkoli-Blumenkohl-Gratin „Sierra"

Menge	Zutaten	Preis
1 Stück	Blumenkohl	0,99 €
300 g	Brokkoli (TK)	0,48 €
50 g	Nudeln (Penne)	0,10 €
200 g	Tomaten	0,18 €
100 g	Mozzarella	0,25 €
20 g	Butter	0,07 €
100 ml	Sahne	0,18 €
2 Stück	Eier	0,26 €
1 Prise	Salz	0,05 €
1 Prise	Pfeffer	0,05 €
1/2 Bund	Petersilie	0,30 €
1,5 l	Mineralwasser	0,19 €
	Summe	**3,10 €**

Zubereitung

Blumenkohl und Brokkoli putzen, waschen und in kleine Röschen zerteilen. Ca. 8 Minuten in Salzwasser garen und abtropfen lassen. Nudeln in Salzwasser bissfest kochen. Die Tomaten in kleine Würfel schneiden. Eine Auflaufform buttern. Die Hälfte der Nudeln einfüllen. Blumenkohl, Brokkoli und Tomaten daraufgeben. Mit den übrigen Nudeln bedecken. Die Sahne mit Eiern, Salz und Pfeffer verrühren und darübergeben. Bei 225 Grad ca. 20 Minuten im Ofen garen. Mit dem in Scheiben geschnittenen Mozarella belegen und überbacken, bis der Käse leicht zerläuft. Mit gehackter Petersilie servieren.

Abendessen

Menge	Zutaten	Preis
4 Scheiben	Vollkornbrot	0,26 €
4 Scheiben	Kassler-Aufschnitt	0,86 €
250 g	Quark sortiert	0,43 €
2 Scheiben	Käse	0,32 €
40 g	Margarine	0,07 €
2 Becher	Joghurt	0,38 €
1,5 l	Mineralwasser	0,19 €
	Summe	**2,51 €**

Gesamtsumme
7,73 €

Frühstück

Menge	Zutaten	Preis
2 Stück	Brötchen	0,34 €
50 g	Marmelade	0,10 €
40 g	Butter	0,14 €
2 Scheiben	Käse	0,32 €
375 ml	Milch	0,26 €
150 g	Müsli	0,19 €
4 Tassen	Tee/Kaffee	0,40 €
	Summe	**1,75 €**

Mittagessen

Odenwälder Zwiebelkuchen

Menge	Zutaten	Preis
350 g	Zwiebeln	0,16 €
5 EL	Speiseöl	0,25 €
3 Stück	Eier	0,39 €
75 ml	Milch	0,05 €
1 Prise	Salz	0,05 €
1 Prise	Pfeffer	0,05 €
50 g	Quark	0,09 €
10 g	Backpulver	0,02 €
90 g	Mehl	0,05 €
30 g	Butter	0,11 €
1,5 l	Mineralwasser	0,19 €
	Summe	**1,41 €**

Zubereitung

Die Zwiebeln schälen und in Streifen schneiden. In 2 EL Öl kurz andünsten. 2 Eier und die Milch verquirlen. Mit Salz und Pfeffer abschmecken. Den Quark mit 1 EL Öl, 1 Ei und etwas Salz verrühren. Backpulver mit dem Mehl vermischen, dazugeben und alles zu einem glatten Teig verarbeiten. Eine Backform einfetten und mit dem Teig auskleiden. Zwiebeln gleichmäßig darauf verteilen und die Eiermilch darübergießen. Im Backofen bei 175 Grad in ca. 40 Minuten goldbraun backen. Warm oder kalt servieren.

Abendessen

Menge	Zutaten	Preis
4 Scheiben	Graubrot	0,26 €
4 Scheiben	Lachsschinken	0,48 €
2 Scheiben	Mettwurst	0,17 €
2 Scheiben	Käse	0,32 €
40 g	Margarine	0,07 €
1/2 Stück	Salatgurke	0,23 €
2 Stück	Orangen	0,58 €
1,5 l	Mineralwasser	0,19 €
	Summe	**2,30 €**

Gesamtsumme

5,46 €

Frühstück

Menge	Zutaten	Preis
2 Stück	Brötchen	0,34 €
50 g	Marmelade	0,10 €
40 g	Butter	0,14 €
2 Scheiben	Käse	0,32 €
375 ml	Frischmilch	0,26 €
200 g	Cornflakes	0,25 €
4 Tassen	Tee/Kaffee	0,40 €
	Summe	**1,81 €**

Mittagessen

Lasagne mit Rahmspinat

Menge	Zutaten	Preis
450 g	Spinat (TK)	0,39 €
125 g	Quark	0,22 €
100 ml	Sahne	0,18 €
50 g	geriebener Parmesan	1,06 €
2 Stück	Eier	0,26 €
1 Prise	Salz	0,05 €
1 Prise	Pfeffer	0,05 €
1 Prise	Muskat	0,05 €
15 g	Butter	0,05 €
125 g	Lasagneblätter	0,30 €
1,5 l	Mineralwasser	0,19 €
	Summe	**2,80 €**

Zubereitung

Spinat auftauen lassen. Quark mit Sahne, 20 Gramm Parmesan und Eiern verrühren. Mit Salz, Pfeffer und Muskat würzen: Auflaufform mit Butter einpinseln. Einige Löffel Spinat hineingeben und mit Lasagneblättern bedecken. Mit Quarkmasse bestreichen. Übrigen Spinat, die Lasagneblätter und Quarkmasse einschichten. Mit Spinat abschließen. Restlichen Parmesan darüberstreuen. Ca. 40 Minuten im Ofen bei 180 Grad backen, bis die Lasagneblätter weich sind.

Abendessen

Menge	Zutaten	Preis
4 Scheiben	Graubrot	0,26 €
250 g	Quark sortiert	0,43 €
2 Scheiben	Mettwurst	0,17 €
2 Scheiben	Käse	0,32 €
40 g	Margarine	0,07 €
1/2 Stück	Salatgurke	0,23 €
2 Stück	Orangen	0,58 €
1,5 l	Mineralwasser	0,19 €
	Summe	**2,25 €**

Gesamtsumme
6,86 €

Frühstück

Menge	Zutaten	Preis
4 Scheiben	Knäckebrot	0,26 €
50 g	Marmelade	0,10 €
40 g	Butter	0,14 €
2 Scheiben	Käse	0,32 €
4 Scheiben	Kassler-Aufschnitt	0,86 €
2 Glas	Saft	0,30 €
4 Tassen	Tee/Kaffee	0,40 €
	Summe	**2,38 €**

Mittagessen

Tortellini-Brokkoli-Auflauf

Menge	Zutaten	Preis
200 g	Tortellini	0,60 €
200 g	Brokkoli (TK)	0,32 €
150 g	Zwiebeln	0,07 €
200 g	Champignons	0,30 €
4 EL	Speiseöl	0,20 €
30 g	Butter	0,11 €
1 EL	Sojasoße	0,12 €
1 Prise	Salz	0,05 €
1 Prise	Pfeffer	0,05 €
100 g	geriebener Emmentaler	0,60 €
1,5 l	Mineralwasser	0,19 €
	Summe	**2,61 €**

Zubereitung

Tortellini in Salzwasser bissfest kochen. Brokkoli putzen, in Röschen teilen und Strunk fein würfeln. Zwiebeln schälen und in dünne Scheiben schneiden. Pilze in Scheiben schneiden. In einem Topf Zwiebeln in 2 EL Öl sowie Butter andünsten. Den Brokkoli hinzugeben und ca. 3 Minuten schmoren. Pilze hinzufügen und weitere 3 Minuten schmoren. Sojasoße mit 3 EL Wasser verrühren und dazugeben. Salzen und pfeffern. Eine Auflaufform einfetten. Tortellini und Gemüse schichtweise einfüllen. Mit Käse bestreuen. Im Ofen bei 180 Grad ca. 15 Minuten überbacken, bis der Käse leicht gebräunt ist.

Abendessen

Menge	Zutaten	Preis
4 Scheiben	Vollkornbrot	0,26 €
2 Scheiben	Käse	0,32 €
2 Scheiben	Kochschinken	0,33 €
40 g	Margarine	0,07 €
4 Stück	Gewürzgurken	0,22 €
2 Stück	Äpfel	0,60 €
1,5 l	Mineralwasser	0,19 €
	Summe	**1,99 €**

Gesamtsumme

6,98 €

Frühstück

Menge	Zutaten	Preis
2 Stück	Brötchen	0,34 €
50 g	Marmelade	0,10 €
40 g	Butter	0,14 €
2 Scheiben	Käse	0,32 €
375 ml	Frischmilch	0,26 €
150 g	Müsli	0,19 €
4 Tassen	Tee/Kaffee	0,40 €
	Summe	**1,75 €**

Mittagessen

Tagelöhner-Pfannenpickert

Menge	Zutaten	Preis
300 g	Kartoffeln	0,14 €
2 Stück	Eier	0,26 €
1 Prise	Zucker	0,05 €
1 Prise	Salz	0,05 €
200 g	Mehl	0,10 €
20 g	Hefe	0,04 €
100 ml	Milch	0,07 €
50 g	Rosinen	0,10 €
4 EL	Speiseöl	0,20 €
1,5 l	Mineralwasser	0,19 €
	Summe	**1,20 €**

Zubereitung

Kartoffeln schälen und reiben, die Flüssigkeit abnehmen. Eigelb, Zucker, Salz und Mehl nach und nach unterrühren. Hefe in 3–4 Esslöffel lauwarmer Milch auflösen und ca. 15 Minuten gehen lassen. In die Kartoffelmasse rühren und so lange gehen lassen, bis der Teig sich deutlich vergrößert hat. Das zu Schnee geschlagene Eiweiß unterheben und die Rosinen dazugeben. Öl in einer Pfanne erhitzen, den Teig hineingeben und von beiden Seiten goldgelb backen.

Abendessen

Menge	Zutaten	Preis
4 Scheiben	Graubrot	0,26 €
4 Scheiben	Lachsschinken	0,48 €
100 g	Thüringer Mett	0,49 €
40 g	Margarine	0,07 €
2 Scheiben	Käse	0,32 €
2 Stück	Birnen	0,40 €
2 Tassen	Tee/Kaffee	0,20 €
1,5 l	Mineralwasser	0,19 €
	Summe	**2,41 €**

Gesamtsumme

5,36 €

Frühstück

Menge	Zutaten	Preis
4 Stück	Brötchen	0,68 €
50 g	Marmelade	0,10 €
40 g	Butter	0,14 €
2 Scheiben	Käse	0,32 €
2 Becher	Joghurt	0,38 €
2 Stück	Orangen	0,58 €
4 Tassen	Tee/Kaffee	0,40 €
	Summe	**2,60 €**

Mittagessen

Apfeleierkuchen

Menge	Zutaten	Preis
250 g	saure Sahne	0,35 €
1/2 l	Milch	0,35 €
5 Stück	Eier	0,65 €
200 g	Mehl	0,11 €
1 Prise	Salz	0,05 €
2 Stück	Äpfel	0,60 €
20 g	Butter	0,07 €
2 EL	Zucker	0,05 €
2 Becher	Joghurt	0,38 €
1,5 l	Mineralwasser	0,19 €
	Summe	**2,80 €**

Zubereitung

Saure Sahne, Milch, Eigelb und Mehl mit dem Quirl vermischen. Das geschlagene Eiweiß unterheben und 1 Prise Salz zugeben. 2 Äpfel schälen und in Scheiben schneiden. In Butter weich braten. Hierauf die Eierkuchenmasse geben und goldbraun backen. Zum Schluss mit Zucker bestreuen.

Abendessen

Menge	Zutaten	Preis
4 Scheiben	Graubrot	0,26 €
100 g	Thüringer Mett	0,49 €
2 Scheiben	Käse	0,32 €
40 g	Margarine	0,07 €
2 Stück	Tomaten	0,15 €
250 g	Quark sortiert	0,43 €
2 Becher	Pudding	0,38 €
1,5 l	Mineralwasser	0,19 €
	Summe	**2,29 €**

Gesamtsumme

7,69 €

Frühstück

Menge	**Zutaten**	**Preis**
2 Stück	Brötchen	0,34 €
50 g	Marmelade	0,10 €
40 g	Butter	0,14 €
2 Scheiben	Käse	0,32 €
375 ml	Frischmilch	0,26 €
200 g	Cornflakes	0,25 €
4 Tassen	Tee/Kaffee	0,40 €
	Summe	**1,81 €**

Mittagessen

Laugenschlupfer

Menge	**Zutaten**	**Preis**
4 Stück	Laugenstangen (zum Aufbacken)	0,52 €
200 g	Äpfel	0,30 €
1 Bund	Schnittlauch	0,88 €
30 g	Butter	0,11 €
1 Prise	Salz	0,05 €
1 Prise	Pfeffer	0,05 €
100 g	Gouda am Stück	0,55 €
2 Stück	Eier	0,26 €
150 ml	Milch	0,10 €
1,5 l	Mineralwasser	0,19 €
	Summe	**3,01 €**

Zubereitung

Die Laugenstangen in Scheiben schneiden und in eine Schüssel geben. Äpfel vierteln, entkernen und würfeln. Schnittlauch in Röllchen schneiden und mit den Äpfeln in Butter kurz andünsten. Mit dem Brot vermischen, salzen und pfeffern. Gouda reiben und untermischen. Eier und Milch verquirlen und mit der Brotmischung vermengen. In eine gebutterte Auflaufform geben und im Ofen bei 200 Grad 35 bis 40 Minuten backen.

Abendessen

Menge	**Zutaten**	**Preis**
4 Scheiben	Schwarzbrot	0,26 €
40 g	Margarine	0,07 €
1/2 Stück	Salatgurke	0,23 €
250 g	Quark sortiert	0,43 €
2 Scheiben	Käse	0,32 €
2 Stück	Birnen	0,40 €
1,5 l	Mineralwasser	0,19 €
	Summe	**1,90 €**

Gesamtsumme

6,72 €

Frühstück

Menge	Zutaten	Preis
2 Stück	Brötchen	0,34 €
50 g	Marmelade	0,10 €
40 g	Butter	0,14 €
2 Scheiben	Käse	0,32 €
375 ml	Frischmilch	0,26 €
150 g	Müsli	0,19 €
4 Tassen	Tee/Kaffee	0,40 €
	Summe	**1,75 €**

Mittagessen

Fränkische Reibeplätzchen

Menge	Zutaten	Preis
600 g	Kartoffeln	0,29 €
2 Stück	Zwiebeln	0,08 €
50 g	Mehl	0,03 €
1 Prise	Salz	0,05 €
2 Stück	Eier	0,26 €
200 ml	Speiseöl	0,27 €
720 ml	Apfelmus	0,99 €
1,5 l	Mineralwasser	0,19 €
	Summe	**2,16 €**

Zubereitung

Kartoffeln und Zwiebeln schälen und beides fein reiben. Mehl, Salz und Eier unter die Masse rühren. Jeweils 3 Reibeplätzchen in einer Pfanne in heißem Öl von beiden Seiten knusprig braten. Als Beilage Apfelmus reichen.

Abendessen

Menge	Zutaten	Preis
4 Scheiben	Graubrot	0,26 €
4 Scheiben	Lachsschinken	0,48 €
2 Scheiben	Mettwurst	0,17 €
2 Scheiben	Käse	0,32 €
40 g	Margarine	0,07 €
1/2 Stück	Salatgurke	0,23 €
2 Stück	Orangen	0,58 €
1,5 l	Mineralwasser	0,19 €
	Summe	**2,30 €**

Gesamtsumme

6,21 €

Frühstück

Menge	Zutaten	Preis
4 Stück	Brötchen	0,68 €
50 g	Marmelade	0,10 €
40 g	Butter	0,14 €
2 Scheiben	Käse	0,32 €
2 Stück	Spiegeleier	0,26 €
2 Stück	Birnen	0,40 €
2 Glas	Frischmilch	0,28 €
2 Tassen	Tee/Kaffee	0,20 €
	Summe	**2,38 €**

Mittagessen

Schlesische Puffelskooche

Menge	Zutaten	Preis
500 g	Mehl	0,26 €
2 1/2 EL	Zucker	0,02 €
1/2 Würfel	Hefe	0,05 €
300 ml	Milch	0,21 €
2 Stück	Eier	0,26 €
1 Prise	Salz	0,05 €
300 g	Äpfel	0,45 €
5 EL	Speiseöl	0,25 €
1,5 l	Mineralwasser	0,19 €
	Summe	**1,74 €**

Zubereitung

Mehl mit Zucker vermischen, eine Mulde hineindrücken. Hefe in etwas handwarmer Milch auflösen und in die Mulde geben. An einem warmen Ort 30 Minuten gehen lassen. Eigelb, Salz und Milch dazugeben und kräftig durchkneten. Weitere 30 Minuten gehen lassen. Das geschlagene Eiweiß unterheben und geschälte, gewürfelte Äpfel hinzufügen. In einer Pfanne Öl erhitzen. Die Masse mit einem großen Löffel hineingeben und goldgelb ausbacken. Fett abtupfen und die Puffelskooche mit Zucker bestreut servieren.

Abendessen

Menge	Zutaten	Preis
4 Scheiben	Graubrot	0,26 €
4 Scheiben	Kassler-Aufschnitt	0,86 €
40 g	Margarine	0,07 €
2 Scheiben	Käse	0,32 €
1/2 Stück	Salatgurke	0,23 €
2 Becher	Schokopudding	0,38 €
1,5 l	Mineralwasser	0,19 €
	Summe	**2,31 €**

Gesamtsumme
6,43 €

Gerichte mit Fisch

Frühstück

Menge	Zutaten	Preis
2 Stück	Brötchen	0,34 €
50 g	Marmelade	0,10 €
40 g	Butter	0,14 €
2 Scheiben	Käse	0,32 €
375 ml	Frischmilch	0,26 €
150 g	Cornflakes	0,19 €
4 Tassen	Tee/Kaffee	0,40 €
	Summe	**1,75 €**

Mittagessen

Tomaten-Fisch-Topf

Menge	Zutaten	Preis
3 Stück	Zwiebeln	0,12 €
30 g	Butter	0,10 €
200 g	Tomaten	0,15 €
500 g	Fischfilet (TK)	2,25 €
1/2 Stück	Zitrone	0,13 €
1 Prise	Salz	0,05 €
1 Prise	Pfeffer	0,05 €
30 g	Butter	0,11 €
100 g	Gouda	0,55 €
1 Bund	Petersilie	0,59 €
2 Stück	Brötchen	0,34 €
1,5 l	Mineralwasser	0,19 €
	Summe	**4,63 €**

Zubereitung

Zwiebeln schälen, würfeln und in Butter goldgelb andünsten. Tomaten überbrühen, enthäuten und würfeln. Aufgetauten Fisch mit Zitronensaft, Salz und Pfeffer würzen und in Streifen schneiden. In eine Auflaufform mit den Zwiebeln und den Tomaten einschichten. Käse reiben und darüberstreuen. 30 Minuten bei 200 Grad backen. Mit gehackter Petersilie bestreuen und servieren. Dazu Brötchen reichen.

Abendessen

Menge	Zutaten	Preis
4 Scheiben	Schwarzbrot	0,26 €
2 Scheiben	Kochschinken	0,33 €
40 g	Margarine	0,07 €
4 Stück	Gewürzgurken	0,22 €
2 Becher	Joghurt	0,38 €
1,5 l	Mineralwasser	0,19 €
	Summe	**1,45 €**

Gesamtsumme

7,83 €

Frühstück

Menge	Zutaten	Preis
4 Stück	Brötchen	0,68 €
50 g	Marmelade	0,10 €
40 g	Butter	0,14 €
4 Scheiben	Puten-Aufschnitt	0,66 €
425 g	Obstsalat	0,55 €
4 Tassen	Tee/Kaffee	0,40 €
	Summe	**2,53 €**

Mittagessen

Kartoffel-Fisch-Auflauf mit Spinat

Menge	Zutaten	Preis
250 g	Fischfilet (TK)	0,85 €
1 Prise	Salz	0,05 €
1 Prise	Pfeffer	0,05 €
10 ml	Zitronensaft	0,02 €
30 g	Butter	0,11 €
200 g	Spinat (TK)	0,17 €
1 Prise	Muskat	0,05 €
300 g	Kartoffeln	0,14 €
100 g	Crème fraîche	0,30 €
40 g	Gouda am Stück	0,22 €
2 Stück	Eier	0,26 €
1,5 l	Mineralwasser	0,19 €
	Summe	**2,41 €**

Zubereitung

Aufgetauten Fisch mit Salz, Pfeffer sowie dem Zitronensaft würzen. Aufgetauten Spinat in der Hälfte der Butter bei schwacher Hitze dünsten. Salzen, pfeffern und mit Muskat abschmecken. Kartoffeln schälen und in dünne Scheiben schneiden. Eine Auflaufform mit Butter ausstreichen. Crème fraîche mit geriebenem Gouda, Eiern, Salz und Pfeffer verquirlen. Die Hälfte der Kartoffelscheiben in die Form legen. Fisch und Spinat darauf verteilen. Mit den übrigen Kartoffeln bedecken und Eier-Käse-Mischung darübergießen. Im Ofen bei 175 Grad ca. 45 Minuten garen.

Abendessen

Menge	Zutaten	Preis
4 Scheiben	Graubrot	0,26 €
100 g	Thüringer Mett	0,49 €
2 Scheiben	Käse	0,32 €
40 g	Margarine	0,07 €
2 Stück	Tomaten	0,15 €
250 g	Quark sortiert	0,43 €
2 Becher	Pudding	0,38 €
1,5 l	Mineralwasser	0,19 €
	Summe	**2,29 €**

Gesamtsumme
7,23 €

Frühstück

Menge	Zutaten	Preis
4 Scheiben	Graubrot	0,26 €
50 g	Marmelade	0,10 €
40 g	Butter	0,14 €
4 Scheiben	Lachsschinken	0,48 €
2 Becher	Joghurt	0,38 €
2 Stück	Äpfel	0,60 €
4 Tassen	Tee/Kaffee	0,40 €
	Summe	**2,36 €**

Mittagessen

Seelachsfilet auf Curry-Kartoffeln

Menge	Zutaten	Preis
300 g	Fischfilet (TK)	1,02 €
400 g	Kartoffeln	0,19 €
300 g	Möhren	0,18 €
4 EL	Speiseöl	0,20 €
1 Prise	Zucker	0,05 €
1 Prise	Salz	0,05 €
1 Prise	Pfeffer	0,05 €
10 g	Butter	0,03 €
2 TL	Currypulver	0,06 €
100 ml	Frisch- od. H-Milch	0,07 €
1 Prise	Muskat	0,05 €
1,5 l	Mineralwasser	0,19 €
	Summe	**2,14 €**

Zubereitung

Aufgetauten Fisch in 4 Stücke schneiden. Kartoffeln schälen, in Stücke schneiden und in Salzwasser gar kochen. Möhren schälen und längs halbieren. In 2 Löffel Öl mit Zucker bei mittlerer Hitze anbraten. 150 ml Wasser dazugeben, salzen, pfeffern und 10 Minuten dünsten. Butter in einem Topf erhitzen und darin Curry anrösten. Milch dazugeben und einmal aufkochen lassen. Mit Salz, Pfeffer und Muskat abschmecken. Kartoffeln in die Milch geben und zerstampfen. Fischfilets in einer Pfanne in 2 Löffel Öl auf jeder Seite 3 Minuten braten. Mit Möhren und Kartoffelpüree anrichten.

Abendessen

Menge	Zutaten	Preis
4 Scheiben	Vollkornbrot	0,26 €
250 g	Quark sortiert	0,43 €
2 Scheiben	Mettwurst	0,17 €
40 g	Margarine	0,07 €
2 Stück	Bananen	0,43 €
2 Tassen	Tee/Kaffee	0,20 €
1,5 l	Mineralwasser	0,19 €
	Summe	**1,75 €**

Gesamtsumme

6,25 €

Frühstück

Menge	Zutaten	Preis
4 Stück	Brötchen	0,68 €
50 g	Marmelade	0,10 €
40 g	Butter	0,14 €
2 Scheiben	Kochschinken	0,33 €
2 Scheiben	Käse	0,32 €
2 Tassen	Tee/Kaffee	0,20 €
	Summe	**1,77 €**

Mittagessen

Büsumer Kuttertopf

Menge	Zutaten	Preis
300 g	Fischfilet (TK)	1,02 €
1EL	Zitronensaft	0,02 €
1 Prise	Salz	0,05 €
1 Prise	Pfeffer	0,05 €
1 Prise	Paprikapulver	0,05 €
200 g	Zwiebeln	
150 g	durchwachsener Speck	0,65 €
3 EL	Speiseöl	0,15 €
1 TL	Brühe (Instant)	0,02 €
200 g	Porree	0,40 €
850 g	geschälte Tomaten (Dose)	0,55 €
1 Prise	Oregano	0,05 €
300 g	Reis	0,29 €
	Summe	**3,30 €**

Zubereitung

Aufgetauten Fisch in 3x3 cm große Stücke schneiden. Mit Zitronensaft, etwas Salz, Pfeffer und Paprika würzen. Zwiebeln schälen und mit dem Speck würfeln. In Öl anbraten und mit 1/4 Liter heißer Brühe ablöschen. Porree putzen, waschen und in Ringe schneiden. Mit den Tomaten und Oregano dazugeben. Ca. 15 Minuten zugedeckt köcheln. Fischstücke unterheben und bei geringer Hitze 10 Minuten garen. Mit Salz, Pfeffer und Paprika abschmecken. Dazu Reis reichen.

Abendessen

Menge	Zutaten	Preis
4 Scheiben	Schwarzbrot	0,26 €
6 Scheiben	Truthahn-Aufschnitt	0,42 €
2 Scheiben	Käse	0,32 €
40 g	Margarine	0,07 €
2 Stück	Tomaten	0,15 €
1,5 l	Mineralwasser	0,19 €
	Summe	**1,41 €**

Gesamtsumme

6,48 €

Frühstück

Menge	Zutaten	Preis
4 Stück	Brötchen	0,68 €
50 g	Marmelade	0,10 €
40 g	Butter	0,14 €
2 Scheiben	Käse	0,32 €
2 Becher	Joghurt	0,38 €
2 Stück	Orangen	0,58 €
4 Tassen	Tee/Kaffee	0,40 €
	Summe	**2,60 €**

Mittagessen

Seelachs mit Senfkarotten „Lange Anna"

Menge	Zutaten	Preis
500 g	Möhren	0,30 €
15 g	Butter	0,05 €
1 Prise	Salz	0,05 €
1 Prise	Pfeffer	0,05 €
1/2 TL	Gemüsebrühe (Instant)	0,01 €
1 Bund	Petersilie	0,59 €
100 g	Crème fraîche	0,30 €
1 TL	Senf	0,10 €
300 g	Seelachsfilet (TK)	1,02 €
400 g	Kartoffeln	0,19 €
1,5 l	Mineralwasser	0,19 €
	Summe	**2,85 €**

Zubereitung

Möhren schälen und in Scheiben schneiden. In Butter anbraten und mit Salz und Pfeffer würzen. 200 ml heiße Brühe angießen und ca. 5 Minuten garen. Petersilie waschen und hacken. Mit Crème fraîche, Senf, Salz und Pfeffer verrühren. Aufgetauten Fisch in 4 Stücke schneiden und salzen und pfeffern. Die Hälfte der Petersilien-Rahm-Mischung unter die Möhren rühren. In eine Auflaufform geben. Fisch darauflegen und mit der restlichen Rahm-Mischung bestreichen. Bei 200 Grad ca. 15 Minuten im Backofen garen. Als Beilage Salzkartoffeln reichen.

Abendessen

Menge	Zutaten	Preis
4 Scheiben	Vollkornbrot	0,26 €
6 Scheiben	Truthahn-Aufschnitt	0,42 €
2 Scheiben	Käse	0,32 €
250 g	Quark sortiert	0,43 €
40 g	Margarine	0,07 €
4 Stück	Gewürzgurken	0,22 €
2 Stück	Äpfel	0,60 €
1,5 l	Mineralwasser	0,19 €
	Summe	**2,51 €**

Gesamtsumme

7,96 €

Frühstück

Menge	**Zutaten**	**Preis**
2 Stück	Brötchen	0,34 €
50 g	Marmelade	0,10 €
40 g	Butter	0,14 €
2 Scheiben	Käse	0,32 €
100 g	Müsli	0,12 €
375 ml	Frischmilch	0,26 €
4 Tassen	Tee/Kaffee	0,40 €
	Summe	**1,68 €**

Mittagessen

Störtebeker Fischsuppe

Menge	**Zutaten**	**Preis**
250 g	Heringsfilet	0,99 €
50 g	durchwachsener Speck	0,22 €
200 g	Porree	0,40 €
100 g	Zwiebeln	0,05 €
100 g	Möhren	0,06 €
250 g	Kartoffeln	0,12 €
4 TL	Brühe (Instant)	0,08 €
20 g	Tomatenmark	0,06 €
1 Prise	Majoran	0,05 €
1 Bund	Petersilie	0,59 €
1 Prise	Salz	0,05 €
1 Prise	Pfeffer	0,05 €
1,5 l	Mineralwasser	0,19 €
	Summe	**2,91 €**

Zubereitung

Heringsfilet in kleine Stücke schneiden. Gewürfelten Speck auslassen. In Streifen geschnittenen Porree und gewürfelte Zwiebeln darin andünsten. In Stifte geschnittene Möhren und in Scheiben geschnittene Kartoffeln dazugeben. Mit so viel Brühe auffüllen, dass sie 2 cm über dem Gemüse steht. Bei geringer Hitze garen. Heringsstücke in einer Pfanne erhitzen. Das Tomatenmark hinzufügen und anschwitzen. Mit Majoran, gehackter Petersilie, Salz und Pfeffer würzen. Kurz durchziehen lassen und sehr heiß servieren.

Abendessen

Menge	**Zutaten**	**Preis**
4 Scheiben	Graubrot	0,26 €
2 Scheiben	Kochschinken	0,33 €
2 Scheiben	Käse	0,32 €
40 g	Margarine	0,07 €
1 Bund	Radieschen	0,49 €
2 Stück	Orangen	0,58 €
1,5 l	Mineralwasser	0,19 €
	Summe	**2,24 €**

Gesamtsumme

6,83 €

Frühstück

Menge	Zutaten	Preis
4 Stück	Brötchen	0,68 €
50 g	Marmelade	0,10 €
40 g	Butter	0,14 €
2 Scheiben	Käse	0,32 €
2 Stück	Spiegeleier	0,26 €
2 Stück	Birnen	0,40 €
2 Glas	Frischmilch	0,28 €
2 Tassen	Tee/Kaffee	0,20 €
	Summe	**2,38 €**

Mittagessen

Saßnitzer Seemannsgarn

Menge	Zutaten	Preis
200 g	Toastbrot	0,18 €
30 g	Butter	0,11 €
25 g	Senf	0,05 €
100 g	geriebener Edamer	0,60 €
250 g	Heringsfilet	0,99 €
1 TL	Paprikapulver	0,05 €
1 Prise	Pfeffer	0,05 €
1 Bund	Petersilie	0,59 €
1,5 l	Mineralwasser	0,19 €
	Summe	**2,81 €**

Zubereitung

Toastbrotscheiben mit etwas Butter und dann mit Senf bestreichen. Die Hälfte des Käses darüberstreuen. Heringsfilet darauflegen und wieder mit Käse bestreuen. Die Butter in Flöckchen daraufsetzen. Mit Paprikapulver und Pfeffer bestäuben. Die Brotscheiben im Ofen bei 220 Grad Oberhitze (oder unter dem Grill) überbacken. Mit gehackter Petersilie garniert servieren.

Abendessen

Menge	Zutaten	Preis
4 Scheiben	Vollkornbrot	0,26 €
6 Scheiben	Truthahn-Aufschnitt	0,42 €
2 Scheiben	Käse	0,32 €
250 g	Quark sortiert	0,43 €
40 g	Margarine	0,07 €
4 Stück	Gewürzgurken	0,22 €
2 Stück	Äpfel	0,60 €
1,5 l	Mineralwasser	0,19 €
	Summe	**2,51 €**

Gesamtsumme

7,70 €

Suppen

Frühstück

Menge	Zutaten	Preis
4 Stück	Brötchen	0,68 €
50 g	Marmelade	0,10 €
40 g	Butter	0,14 €
2 Scheiben	Käse	0,32 €
2 Stück	Spiegeleier	0,26 €
2 Stück	Äpfel	0,60 €
2 Glas	Frischmilch	0,28 €
2 Tassen	Tee/Kaffee	0,20 €
	Summe	**2,58 €**

Mittagessen

Saarländische Bohnensuppe

Menge	Zutaten	Preis
850 g	grüne Bohnen (Dose)	0,65 €
1 Prise	Bohnenkraut	0,05 €
4 TL	Fleischbrühe (Instant)	0,08 €
500 g	Kartoffeln	0,24 €
100 g	durchwachsener Speck	0,43 €
1 EL	Mehl	0,05 €
125 g	saure Sahne	0,18 €
1 Prise	Salz	0,05 €
1 Prise	Pfeffer	0,05 €
1 Bund	Petersilie	0,59 €
1,5 l	Mineralwasser	0,19 €
	Summe	**2,56 €**

Zubereitung

Bohnen waschen, putzen und in Stücke schneiden. Mit Bohnenkraut in 1 Liter kochende Fleischbrühe geben. Die Kartoffeln schälen, würfeln und nach 15 Minuten hinzufügen. Weitere 15 Minuten kochen lassen. Speck würfeln, anbraten und dazugeben. Mehl mit saurer Sahne verquirlen und in die Suppe rühren. Salzen, pfeffern und mit gehackter Petersilie bestreuen.

Abendessen

Menge	Zutaten	Preis
4 Scheiben	Vollkornbrot	0,26 €
6 Scheiben	Truthahn-Aufschnitt	0,42 €
2 Scheiben	Käse	0,32 €
250 g	Quark sortiert	0,43 €
40 g	Margarine	0,07 €
4 Stück	Gewürzgurken	0,22 €
2 Stück	Äpfel	0,60 €
1,5 l	Mineralwasser	0,19 €
	Summe	**2,51 €**

Gesamtsumme
7,65 €

Frühstück

Menge	Zutaten	Preis
4 Stück	Brötchen	0,68 €
50 g	Marmelade	0,10 €
40 g	Butter	0,14 €
4 Scheiben	Puten-Aufschnitt	0,66 €
425 g	Obstsalat	0,55 €
2 Glas	Frischmilch	0,28 €
4 Tassen	Tee/Kaffee	0,40 €
	Summe	**2,81 €**

Mittagessen

Boitzenburger Käsesuppe

Menge	Zutaten	Preis
150 g	Zwiebeln	0,07 €
20 g	Butter	0,07 €
4 EL	Mehl	0,02 €
4 TL	Fleischbrühe (Instant)	0,08 €
1 Stange	Porree	0,35 €
250 g	Gouda am Stück	1,37 €
125 ml	Sahne	0,22 €
1 Prise	Salz	0,05 €
1 Prise	Pfeffer	0,05 €
2 Stück	Brötchen	0,34 €
1,5 l	Mineralwasser	0,19 €
	Summe	**2,88 €**

Zubereitung

Zwiebeln schälen, fein würfeln und in Butter andünsten. Mehl zugeben und anschwitzen. 1 Liter Fleischbrühe hinzufügen. Den Porree putzen, in feine Ringe schneiden und dazugeben. Käse fein reiben und in der Suppe schmelzen lassen. Sahne dazugeben und mit Salz und Pfeffer abschmecken. Dazu Brötchen reichen.

Abendessen

Menge	Zutaten	Preis
4 Scheiben	Graubrot	0,26 €
100 g	Thüringer Mett	0,49 €
2 Scheiben	Käse	0,32 €
40 g	Margarine	0,07 €
2 Stück	Tomaten	0,15 €
250 g	Quark sortiert	0,43 €
2 Becher	Pudding	0,38 €
1,5 l	Mineralwasser	0,19 €
	Summe	**2,29 €**

Gesamtsumme
7,98 €

Frühstück

Menge	Zutaten	Preis
4 Scheiben	Graubrot	0,26 €
50 g	Marmelade	0,10 €
40 g	Butter	0,14 €
4 Scheiben	Lachsschinken	0,48 €
2 Becher	Joghurt	0,38 €
4 Tassen	Tee/Kaffee	0,40 €
	Summe	**1,76 €**

Mittagessen

Chinesische Hühnersuppe

Menge	Zutaten	Preis
300 g	Wirsing	0,33 €
150 g	Möhren	0,09 €
3 EL	Speiseöl	0,15 €
2 TL	Brühe (Instant)	0,04 €
300 g	Hähnchenbrust	1,50 €
100 g	Glasnudeln	1,39 €
1 Prise	Salz	0,05 €
1 Prise	Pfeffer	0,05 €
1 Schuss	Sojasoße	0,25 €
2 Stück	Orangen	0,58 €
1,5 l	Mineralwasser	0,19 €
	Summe	**4,62 €**

Zubereitung

Wirsing putzen, waschen und in feine Streifen schneiden. Die Möhren schälen und ebenfalls in feine Streifen schneiden. Das Gemüse in heißem Öl andünsten. Mit ca. 1/2 Liter Brühe auffüllen. Hühnerbrust in Würfel schneiden und in die Suppe geben. 30 Minuten köcheln lassen. Glasnudeln dazugeben und kurz garen. Mit Salz, Pfeffer und Sojasoße abschmecken.

Abendessen

Menge	Zutaten	Preis
4 Scheiben	Vollkornbrot	0,26 €
250 g	Quark sortiert	0,43 €
2 Scheiben	Mettwurst	0,17 €
40 g	Margarine	0,07 €
2 Stück	Bananen	0,43 €
2 Tassen	Tee/Kaffee	0,20 €
1,5 l	Mineralwasser	0,19 €
	Summe	**1,75 €**

Gesamtsumme

8,13 €

Frühstück

Menge	Zutaten	Preis
4 Stück	Brötchen	0,68 €
50 g	Marmelade	0,10 €
40 g	Butter	0,14 €
2 Scheiben	Käse	0,32 €
375 ml	Frischmilch	0,26 €
150 g	Müsli	0,19 €
2 Stück	Orangen	0,58 €
4 Tassen	Tee/Kaffee	0,40 €
	Summe	**2,67 €**

Mittagessen

Thüringer Sauerkrautsuppe

Menge	Zutaten	Preis
100 g	Zwiebeln	0,05 €
50 g	Schweineschmalz	0,09 €
850 g	Sauerkraut	0,49 €
4 TL	Fleischbrühe (Instant)	0,08 €
2 Stück	Mettwürstchen	0,80 €
400 g	Kartoffeln	0,19 €
100 g	saure Sahne	0,15 €
1 Prise	Salz	0,05 €
1 Prise	Pfeffer	0,05 €
1,5 l	Mineralwasser	0,19 €
	Summe	**2,14 €**

Zubereitung

Zwiebeln schälen, fein würfeln und in dem Schmalz glasig dünsten. Sauerkraut hinzugeben und mit 1 Liter Fleischbrühe auffüllen. Bei geringer Hitze ca. 10 Minuten köcheln lassen. Die Mettwürstchen in Scheiben schneiden und hinzufügen. Die Kartoffeln schälen, in die Suppe reiben und kurz aufkochen. Saure Sahne unterrühren. Mit Salz und Pfeffer abschmecken.

Abendessen

Menge	Zutaten	Preis
4 Scheiben	Graubrot	0,26 €
100 g	Thüringer Mett	0,49 €
4 Scheiben	Kassler-Aufschnitt	0,86 €
40 g	Margarine	0,07 €
2 Stück	Tomaten	0,15 €
2 Becher	Joghurt	0,38 €
1,5 l	Mineralwasser	0,19 €
	Summe	**2,40 €**

Gesamtsumme

7,21 €

Frühstück

Menge	Zutaten	Preis
4 Stück	Brötchen	0,68 €
50 g	Marmelade	0,10 €
40 g	Butter	0,14 €
2 Scheiben	Käse	0,32 €
2 Becher	Joghurt	0,38 €
2 Stück	Orangen	0,58 €
4 Tassen	Tee/Kaffee	0,40 €
	Summe	**2,60 €**

Mittagessen

Bamberger Frühlingssuppe

Menge	Zutaten	Preis
100 g	Zwiebeln	0,05 €
250 g	gemischtes Hackfleisch	0,85 €
3 EL	Speiseöl	0,15 €
800 g	passierte Tomaten (Dose)	0,52 €
1 Bund	Suppengrün	1,19 €
100 g	Reis	0,10 €
100 g	Spiralnudeln	0,11 €
1 Prise	Salz	0,05 €
1 Prise	Pfeffer	0,05 €
20 ml	Zitronensaft	0,05 €
1,5 l	Mineralwasser	0,19 €
	Summe	**3,31 €**

Zubereitung

Die Zwiebeln schälen, würfeln und mit dem Hackfleisch in Öl anbraten. Die Tomaten und etwas Wasser dazugeben. Suppengrün putzen, würfeln und mit Reis und Nudeln hinzufügen. Etwa 30 Minuten leicht köcheln lassen. Dabei öfter umrühren und nach Bedarf Wasser dazugeben. Mit Salz, Pfeffer und Zitronensaft abschmecken. Kann mit Sahne oder Crème fraîche verfeinert werden.

Abendessen

Menge	Zutaten	Preis
4 Scheiben	Graubrot	0,26 €
4 Scheiben	Lachsschinken	0,48 €
2 Scheiben	Mettwurst	0,17 €
2 Scheiben	Käse	0,32 €
40 g	Margarine	0,07 €
1/2 Stück	Salatgurke	0,23 €
2 Stück	Bananen	0,43 €
1,5 l	Mineralwasser	0,19 €
	Summe	**2,15 €**

Gesamtsumme
8,06 €

Frühstück

Menge	Zutaten	Preis
2 Stück	Brötchen	0,34 €
50 g	Marmelade	0,10 €
40 g	Butter	0,14 €
2 Scheiben	Käse	0,32 €
375 ml	Frischmilch	0,26 €
200 g	Müsli	0,25 €
4 Tassen	Tee/Kaffee	0,40 €
	Summe	**1,81 €**

Mittagessen

Lausitzer Kartoffel-Ei-Suppe

Menge	Zutaten	Preis
4 Stück	Eier	0,52 €
400 g	Kartoffeln	0,19 €
6 TL	Gemüsebrühe	0,12 €
850 g	Erbsen u. Möhren (Dose)	0,79 €
50 g	Mehl	0,03 €
100 g	saure Sahne	0,15 €
1 Prise	Salz	0,05 €
1 Prise	Pfeffer	0,05 €
1 Bund	Petersilie	0,59 €
1 EL	Essig	0,05 €
1 Prise	Zucker	0,05 €
1,5 l	Mineralwasser	0,19 €
	Summe	**2,78 €**

Zubereitung

Eier in ca. 12 Minuten hart kochen und pellen. Kartoffeln schälen und in Würfel schneiden. Ca. 1,5 Liter Brühe aufkochen lassen. Kartoffeln, Erbsen und Möhren mit in Scheiben geschnittenen Eiern hineingeben. Mehl mit saurer Sahne verrühren und hinzufügen. Aufkochen lassen und salzen und pfeffern. Vor dem Servieren gehackte Petersilie hinzugeben. Mit Essig und Zucker abrunden.

Abendessen

Menge	Zutaten	Preis
4 Scheiben	Vollkornbrot	0,26 €
6 Scheiben	Truthahn-Aufschnitt	0,42 €
2 Scheiben	Käse	0,32 €
250 g	Quark sortiert	0,43 €
40 g	Margarine	0,07 €
2 Stück	Äpfel	0,60 €
1,5 l	Mineralwasser	0,19 €
	Summe	**2,29 €**

Gesamtsumme

6,88 €

Frühstück

Menge	Zutaten	Preis
4 Stück	Brötchen	0,68 €
50 g	Marmelade	0,10 €
40 g	Butter	0,14 €
2 Scheiben	Käse	0,32 €
2 Stück	Spiegeleier	0,26 €
2 Stück	Birnen	0,40 €
2 Glas	Frischmilch	0,28 €
2 Tassen	Tee/Kaffee	0,20 €
	Summe	**2,38 €**

Mittagessen

Herbstmilch-Suppe

Menge	Zutaten	Preis
500 ml	Frisch- od. H-Milch	0,35 €
1 Prise	Salz	0,05 €
1 Prise	Pfeffer	0,05 €
1 Prise	Kümmelpulver	0,05 €
500 ml	Buttermilch	0,59 €
1 EL	Mehl	0,01 €
100 ml	Sahne	0,18 €
300 g	Kartoffeln	0,14 €
1,5 l	Mineralwasser	0,19 €
	Summe	**1,61 €**

Zubereitung

Milch mit Salz, Pfeffer und Kümmel aufkochen. Die Buttermilch langsam einrühren, dabei entstehen kleine Topfenbröckerl. Nochmals kurz aufkochen lassen. Mehl und Sahne verrühren und in die Suppe geben. Die Kartoffeln kochen, schälen und in tiefe Teller legen. Suppe darübergeben und Kartoffeln mit einer Gabel zerdrücken.

Abendessen

Menge	Zutaten	Preis
4 Scheiben	Graubrot	0,26 €
2 Scheiben	Mettwurst	0,17 €
2 Scheiben	Käse	0,32 €
40 g	Margarine	0,07 €
1/2 Stück	Salatgurke	0,23 €
2 Stück	Orangen	0,58 €
2 Becher	Joghurt	0,38 €
1,5 l	Mineralwasser	0,19 €
	Summe	**2,20 €**

Gesamtsumme
6,19 €

Frühstück

Menge	Zutaten	Preis
4 Stück	Brötchen	0,68 €
50 g	Marmelade	0,10 €
40 g	Butter	0,14 €
4 Scheiben	Puten-Aufschnitt	0,66 €
425 g	Obstsalat	0,55 €
4 Tassen	Tee/Kaffee	0,40 €
	Summe	**2,53 €**

Mittagessen

Andalusische Bohnensuppe (Spanien)

Menge	Zutaten	Preis
150 g	weiße Bohnen, getr.	0,48 €
100 g	Zwiebeln	0,05 €
20 g	Knoblauch	0,10 €
20 g	Chilischoten	0,21 €
3 EL	Speiseöl	0,15 €
150 g	grüne Bohnen (Dose)	0,11 €
200 g	Zucchini	0,24 €
425 g	geschälte Tomaten (Dose)	0,28 €
1 Prise	Salz	0,05 €
1 Prise	Pfeffer	0,05 €
1/2 Bund	Petersilie	0,30 €
	Summe	**2,02 €**

Zubereitung

Die weißen Bohnen abwaschen und über Nacht in kaltem Wasser einweichen. Mit 1 Liter frischem Wasser zum Kochen bringen und ca. 1 Stunde garen. Zwiebeln und Knoblauch schälen und mit Chilischoten fein würfeln. In Öl andünsten. Grüne Bohnen in Stücke und Zucchini in Streifen schneiden. Mit der Zwiebelmischung zu den weißen Bohnen geben und 10 Minuten mitkochen. Tomaten mit Flüssigkeit hinzufügen. Salzen und pfeffern. Mit gehackter Petersilie bestreut servieren.

Abendessen

Menge	Zutaten	Preis
4 Scheiben	Graubrot	0,26 €
100 g	Thüringer Mett	0,49 €
2 Scheiben	Käse	0,32 €
40 g	Margarine	0,07 €
2 Stück	Tomaten	0,15 €
250 g	Quark sortiert	0,43 €
2 Becher	Pudding	0,38 €
1,5 l	Mineralwasser	0,19 €
	Summe	**2,29 €**

Gesamtsumme

6,84 €

Frühstück

Menge	Zutaten	Preis
4 Stück	Brötchen	0,68 €
50 g	Marmelade	0,10 €
40 g	Butter	0,14 €
2 Scheiben	Käse	0,32 €
4 Scheiben	Lachsschinken	0,48 €
4 Tassen	Tee/Kaffee	0,40 €
	Summe	**2,12 €**

Mittagessen

Soljanka (Russland)

Menge	Zutaten	Preis
4 TL	Fleischbrühe (Instant)	0,08 €
150 g	Hähnchenbrust	0,75 €
150 g	Schweinegulasch	0,75 €
100 g	Zwiebeln	0,05 €
3 EL	Speiseöl	0,15 €
150 g	Gewürzgurken	0,14 €
50 g	Tomatenmark	0,14 €
1 Prise	Salz	0,05 €
1 Prise	Pfeffer	0,05 €
5 g	Lorbeerblätter	0,17 €
1 Stück	Zitrone	0,25 €
1/2 Bund	Petersilie	0,30 €
100 g	saure Sahne	0,15 €
	Summe	**3,03 €**

Zubereitung

1 Liter Brühe erhitzen und das Fleisch darin 45 Minuten kochen. Zwiebeln schälen, in Ringe schneiden und im Öl glasig andünsten. Die Gewürzgurken in dünne Streifen schneiden und dazugeben. Tomatenmark hinzufügen und 5 Minuten schmoren. Fleisch klein schneiden. Brühe wieder aufkochen. Zwiebeln mit Gewürzgurken, Fleisch, Salz, Pfeffer und Lorbeerblättern hineingeben und ca. 10 Minuten kochen. Mit einem Stück Zitrone, gehackter Petersilie und saurer Sahne servieren.

Abendessen

Menge	Zutaten	Preis
4 Scheiben	Graubrot	0,26 €
4 Scheiben	Kassler-Aufschnitt	0,86 €
40 g	Margarine	0,07 €
2 Scheiben	Käse	0,32 €
2 Becher	Schokopudding	0,38 €
1,5 l	Mineralwasser	0,19 €
	Summe	**2,08 €**

Gesamtsumme

7,23 €

Frühstück

Menge	Zutaten	Preis
4 Stück	Brötchen	0,68 €
50 g	Marmelade	0,10 €
40 g	Butter	0,14 €
2 Scheiben	Käse	0,32 €
2 Stück	Spiegeleier	0,26 €
2 Stück	Birnen	0,40 €
2 Tassen	Tee/Kaffee	0,20 €
	Summe	**2,10 €**

Mittagessen

Reis-Nudel-Suppe Izmir (Türkei)

Menge	Zutaten	Preis
300 g	Paprika rot u. grün	0,60 €
100 g	Zwiebeln	0,05 €
25 g	Butter	0,09 €
100 g	Tomaten	0,09 €
200 g	Rindshackfleisch	0,90 €
50 g	Tomatenmark	0,14 €
1/2 Bund	Petersilie	0,30 €
1 Prise	Salz	0,05 €
1 Prise	Pfeffer	0,05 €
4 TL	Brühe (Instant)	0,08 €
75 g	Reis	0,07 €
75 g	Makkaroni	0,10 €
2 EL	Zitronensaft	0,05 €
1,5 l	Mineralwasser	0,19 €
	Summe	**2,76 €**

Zubereitung

Paprika waschen, putzen und fein würfeln. Zwiebeln schälen und würfeln. In der Butter andünsten. Tomaten waschen und würfeln. Mit Hackfleisch, Tomatenmark und gehackter Petersilie dazugeben und schmoren. Nach Geschmack salzen und pfeffern. Mit 1 Liter Brühe auffüllen. Kurz aufkochen, dann Reis und Nudeln hinzufügen. 15 bis 20 Minuten leicht köcheln. Mit Zitronensaft abschmecken und heiß servieren.

Abendessen

Menge	Zutaten	Preis
4 Scheiben	Vollkornbrot	0,26 €
2 Scheiben	Kochschinken	0,33 €
40 g	Margarine	0,07 €
250 g	Quark sortiert	0,43 €
1,5 l	Mineralwasser	0,19 €
	Summe	**1,28 €**

Gesamtsumme

6,14 €

Frühstück

Menge	Zutaten	Preis
4 Stück	Brötchen	0,68 €
50 g	Marmelade	0,10 €
40 g	Butter	0,14 €
2 Scheiben	Käse	0,32 €
375 ml	Frischmilch	0,26 €
150 g	Müsli	0,19 €
2 Stück	Orangen	0,58 €
4 Tassen	Tee/Kaffee	0,40 €
	Summe	**2,67 €**

Mittagessen

Potsdamer Kartoffelsuppe mit Porree und Bockwurst

Menge	Zutaten	Preis
1 Stange	Porree	0,35 €
250 g	Kartoffeln	0,12 €
35 g	Margarine	0,05 €
1 Prise	Salz	0,05 €
1 Prise	Pfeffer	0,05 €
1 Prise	Muskat	0,05 €
2 TL	Fleischbrühe (Instant)	0,04 €
250 ml	Milch	0,17 €
4 Stück	Bockwürste	0,70 €
1/2 Bund	Petersilie	0,30 €
	Summe	**1,88 €**

Zubereitung

Porree waschen und in etwa 2 cm lange Streifen schneiden. Die Kartoffeln schälen und in Streifen schneiden. Beides in der Margarine andünsten. Mit Salz, Pfeffer und Muskat würzen. 1/2 Liter Fleischbrühe und Milch erhitzen und zugeben. 20 Minuten kochen. Bockwurst in Scheiben schneiden, knusprig braten und in die Suppe geben. Fein gehackte Petersilie untermischen.

Abendessen

Menge	Zutaten	Preis
4 Scheiben	Schwarzbrot	0,26 €
2 Scheiben	Käse	0,32 €
4 Scheiben	Kassler-Ausschnitt	0,86 €
40 g	Margarine	0,07 €
2 Stück	Tomaten	0,15 €
2 Becher	Joghurt	0,38 €
1,5 l	Mineralwasser	0,19 €
	Summe	**2,23 €**

Gesamtsumme

6,78 €

Eintöpfe

Frühstück

Menge	Zutaten	Preis
2 Stück	Brötchen	0,34 €
50 g	Marmelade	0,10 €
40 g	Butter	0,14 €
2 Scheiben	Käse	0,32 €
375 ml	Frischmilch	0,26 €
200 g	Cornflakes	0,25 €
4 Tassen	Tee/Kaffee	0,40 €
	Summe	**1,81 €**

Mittagessen

Saarbrücker Linsen mit Bockwurst

Menge	Zutaten	Preis
100 g	Linsen	0,32 €
50 g	durchwachsener Speck	0,22 €
100 g	Zwiebeln	0,05 €
1 Bund	Suppengrün	1,19 €
200 g	Kartoffeln	0,10 €
5 g	Lorbeerblätter	0,13 €
1 Prise	Salz	0,05 €
1 Prise	Pfeffer	0,05 €
2 Stück	Bockwürste	0,35 €
30 g	Butter	0,10 €
1 EL	Zucker	0,01 €
100 ml	Sahne	0,18 €
1,5 l	Mineralwasser	0,19 €
	Summe	**2,94 €**

Zubereitung

Linsen über Nacht in Wasser einweichen. Speck in einem Topf auslassen, Zwiebel schälen, würfeln und darin glasig braten. Linsen mit dem Einweichwasser zugeben. Suppengrün putzen und fein schneiden. Mit den geschälten und gewürfelten Kartoffeln dazugeben. Mit Lorbeerblättern, Salz und Pfeffer würzen. Bei geringer Hitze ca. 50 bis 60 Minuten garen. Bockwurst 10 Minuten vor Ende der Kochzeit in die Suppe geben. Butter schmelzen und Zucker darin karamellisieren. In die Suppe geben und Sahne unterrühren.

Abendessen

Menge	Zutaten	Preis
4 Scheiben	Graubrot	0,26 €
2 Scheiben	Käse	0,32 €
4 Scheiben	Lachsschinken	0,48 €
40 g	Margarine	0,07 €
1 Bund	Radieschen	0,49 €
1,5 l	Mineralwasser	0,19 €
	Summe	**1,81 €**

Gesamtsumme

6,56 €

Frühstück

Menge	Zutaten	Preis
4 Scheiben	Knäckebrot	0,26 €
50 g	Marmelade	0,10 €
40 g	Butter	0,14 €
2 Scheiben	Käse	0,32 €
4 Scheiben	Kassler-Aufschnitt	0,86 €
2 Becher	Joghurt	0,38 €
2 Tassen	Tee/Kaffee	0,20 €
	Summe	**2,26 €**

Mittagessen

Gendarmen-Eintopf „Valentin“

Menge	Zutaten	Preis
200 g	weiße Bohnen, getr.	0,64 €
150 g	Zwiebeln	0,07 €
300 g	Champignons	0,45 €
3 EL	Speiseöl	0,15 €
2 TL	Gemüsebrühe (Instant)	0,04 €
200 ml	Sahne	0,35 €
1 Prise	Salz	0,05 €
1 Prise	Pfeffer	0,05 €
25 ml	Senf	0,05 €
4 Stück	Weißwürste	1,67 €
1/2 Bund	Schnittlauch	0,44 €
1,5 l	Mineralwasser	0,19 €
	Summe	**4,15 €**

Zubereitung

Die Bohnen über Nacht in kaltem Wasser einweichen. Zwiebeln schälen und würfeln. Champignons fein schneiden. Abgetropfte Bohnen, Zwiebeln und Champignons in Öl andünsten. Mit 1/2 Liter Gemüsebrühe ablöschen und köcheln lassen, bis die Bohnen gar sind. Sahne hinzugeben. Mit Salz, Pfeffer und Senf abschmecken. Weißwürste abziehen, klein schneiden und in der Suppe leicht erhitzen. Mit Schnittlauchröllchen garniert servieren.

Abendessen

Menge	Zutaten	Preis
4 Scheiben	Schwarzbrot	0,26 €
4 Scheiben	Puten-Aufschnitt	0,66 €
40 g	Margarine	0,07 €
2 Scheiben	Käse	0,32 €
2 Stück	Äpfel	0,60 €
1,5 l	Mineralwasser	0,19 €
	Summe	**2,10 €**

Gesamtsumme

8,51 €

Frühstück

Menge	Zutaten	Preis
4 Stück	Brötchen	0,68 €
50 g	Marmelade	0,10 €
40 g	Butter	0,14 €
4 Scheiben	Lachsschinken	0,48 €
2 Stück	Orangen	0,58 €
4 Tassen	Tee/Kaffee	0,40 €
	Summe	**2,38 €**

Mittagessen

Steckrübeneintopf mit Schweinerippchen

Menge	Zutaten	Preis
400 g	Schweinerippchen	1,80 €
1 Prise	Salz	0,05 €
1 Prise	Pfeffer	0,05 €
50 g	Fett	0,08 €
3 TL	Fleischbrühe (Instant)	0,06 €
1 Stück	Lorbeerblatt	0,10 €
600 g	Steckrüben	0,53 €
350 g	Kartoffeln	0,15 €
400 g	Äpfel	0,60 €
1 Schuss	Essig	0,10 €
1/2 Bund	Schnittlauch	0,44 €
1,5 l	Mineralwasser	0,19 €
	Summe	**4,15 €**

Zubereitung

Fleisch salzen, pfeffern und in Fett anbraten. 1/4 Liter Brühe und Lorbeerblatt dazugeben und ca. 30 Minuten schmoren. Die Steckrüben und Kartoffeln schälen, würfeln und mit der restlichen Brühe hinzufügen. 20 Minuten köcheln. Äpfel schälen, würfeln, zugeben und 10 Minuten weiterköcheln. Mit Salz, Pfeffer sowie Essig abschmecken. Mit Schnittlauchröllchen garniert servieren.

Abendessen

Menge	Zutaten	Preis
4 Scheiben	Graubrot	0,26 €
2 Scheiben	Kochschinken	0,33 €
2 Scheiben	Käse	0,32 €
40 g	Margarine	0,07 €
1 Bund	Radieschen	0,49 €
1,5 l	Mineralwasser	0,19 €
	Summe	**1,66 €**

Gesamtsumme

8,19 €

Frühstück

Menge	Zutaten	Preis
2 Stück	Brötchen	0,34 €
50 g	Marmelade	0,10 €
40 g	Butter	0,14 €
2 Scheiben	Käse	0,32 €
375 ml	Frischmilch	0,26 €
200 g	Müsli	0,25 €
4 Tassen	Tee/Kaffee	0,40 €
	Summe	**1,81 €**

Mittagessen

Graupeneintopf mit Huhn

Menge	Zutaten	Preis
1 Stück	Suppenhuhn (ca. 1000 g)	1,99 €
1 Bund	Suppengrün	1,19 €
100 g	Zwiebeln	0,05 €
1 Prise	Salz	0,05 €
1 Prise	Pfeffer	0,05 €
2 Stück	Lorbeerblätter	0,03 €
4 TL	Brühe (Instant)	0,08 €
150 g	Kartoffeln	0,07 €
200 g	Graupen	0,20 €
1,5 l	Mineralwasser	0,19 €
	Summe	**3,90 €**

Zubereitung

Huhn mit geputztem, gewürfeltem Suppengrün, geschälten ganzen Zwiebeln, Salz, Pfeffer und Lorbeer in 1 Liter Brühe ca. 1,5 Stunden in einem großen Topf köcheln. Dann das Huhn herausnehmen, Fleisch von den Knochen lösen und klein schneiden. Die Kartoffeln schälen, würfeln, in den Topf geben und garen. Graupen hinzugeben und ca. 20 Minuten leicht köcheln. Dabei mehrmals umrühren. Das Huhn hinzugeben, kurz erwärmen und servieren.

Abendessen

Menge	Zutaten	Preis
4 Scheiben	Graubrot	0,26 €
2 Scheiben	Mettwurst	0,17 €
2 Scheiben	Käse	0,32 €
40 g	Margarine	0,07 €
1/2 Stück	Salatgurke	0,23 €
2 Stück	Orangen	0,58 €
2 Becher	Joghurt	0,38 €
1,5 l	Mineralwasser	0,19 €
	Summe	**2,20 €**

Gesamtsumme

7,91 €

Frühstück

Menge	Zutaten	Preis
4 Stück	Brötchen	0,68 €
50 g	Marmelade	0,10 €
40 g	Butter	0,14 €
2 Scheiben	Kochschinken	0,33 €
2 Scheiben	Käse	0,32 €
2 Tassen	Tee/Kaffee	0,20 €
	Summe	**1,77 €**

Mittagessen

St. Dionyser Reiseintopf

Menge	Zutaten	Preis
300 g	Schweineschulter	1,20 €
3 Stück	Zwiebeln	0,12 €
3 EL	Speiseöl	0,15 €
1 Prise	Salz	0,05 €
1 Prise	Paprikapulver	0,05 €
3 Stück	Tomaten	0,23 €
2 TL	Fleischbrühe (Instant)	0,04 €
375 g	Reis	0,37 €
200 g	Gouda	1,08 €
1 Dose	Champignons	0,45 €
1 Stück	Salatgurke	0,49 €
1,5 l	Mineralwasser	0,19 €
	Summe	**4,42 €**

Zubereitung

Fleisch würfeln und mit geschälten, klein geschnittenen Zwiebeln in Öl anbraten. Salz, Paprikapulver und die abgezogenen Tomaten zugeben. Mit 1/2 Liter Brühe auffüllen und fast gar kochen. Reis nach Packungsanleitung kochen und dazugeben. Käse in Scheiben darauflegen, schmelzen lassen und mit den Champignons unterrühren. Dazu Gurkensalat servieren.

Abendessen

Menge	Zutaten	Preis
4 Scheiben	Schwarzbrot	0,26 €
4 Scheiben	Kassler-Aufschnitt	0,86 €
2 Stück	Äpfel	0,60 €
40 g	Margarine	0,07 €
1,5 l	Mineralwasser	0,19 €
	Summe	**1,98 €**

Gesamtsumme

8,17 €

Frühstück

Menge	Zutaten	Preis
2 Scheiben	Graubrot	0,13 €
50 g	Marmelade	0,10 €
40 g	Butter	0,14 €
4 Scheiben	Lachsschinken	0,48 €
2 Stück	Rühreier	0,26 €
2 Becher	Joghurt	0,38 €
4 Tassen	Tee/Kaffee	0,40 €
	Summe	**1,89 €**

Mittagessen

Irish Stew (Irland)

Menge	Zutaten	Preis
250 g	Rinderbraten	1,75 €
100 g	Zwiebeln	0,05 €
350 g	Kartoffeln	0,17 €
20 g	Butter	0,07 €
200 g	Porree	0,40 €
300 g	Weißkohl	0,30 €
150 g	Tomaten	0,13 €
1 Prise	Salz	0,05 €
1 Prise	Pfeffer	0,05 €
1 Prise	Kümmelpulver	0,05 €
1 TL	Brühe (Instant)	0,02 €
1,5 l	Mineralwasser	0,19 €
	Summe	**3,23 €**

Zubereitung

Den Rinderbraten in Würfel schneiden und in einem Topf in Butter kurz anbraten. Die Zwiebeln schälen, würfeln und dazugeben. Kartoffeln schälen und in Scheiben schneiden. Porree in Ringe und Weißkohl in Streifen schneiden, die Tomaten würfeln. Schichtweise in den Topf füllen. Mit Salz, Pfeffer und Kümmel würzen. 1/4 Liter heiße Brühe zugießen und bei geringer Hitze zugedeckt etwa 60 Minuten garen.

Abendessen

Menge	Zutaten	Preis
4 Scheiben	Schwarzbrot	0,26 €
6 Scheiben	Truthahn-Aufschnitt	0,42 €
2 Scheiben	Käse	0,32 €
40 g	Margarine	0,07 €
2 Stück	Tomaten	0,15 €
2 Stück	Orangen	0,58 €
1,5 l	Mineralwasser	0,19 €
	Summe	**1,99 €**

Gesamtsumme

7,11 €

Frühstück

Menge	Zutaten	Preis
4 Stück	Brötchen	0,68 €
50 g	Marmelade	0,10 €
40 g	Butter	0,14 €
4 Scheiben	Puten-Aufschnitt	0,66 €
425 g	Obstsalat	0,55 €
4 Tassen	Tee/Kaffee	0,40 €
	Summe	**2,53 €**

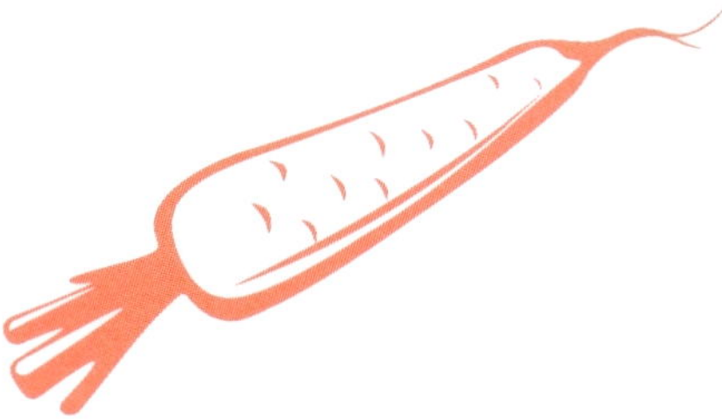

Mittagessen

Chinakohleintopf

Menge	Zutaten	Preis
400 g	Chinakohl	0,52 €
100 g	Zwiebeln	0,05 €
150 g	Tomaten	0,13 €
300 g	Kartoffeln	0,14 €
20 g	Butter	0,07 €
250 g	gemischtes Hackfleisch	0,85 €
1 Prise	Salz	0,05 €
1 Prise	Pfeffer	0,05 €
2 TL	Gemüsebrühe (Instant)	0,04 €
25 g	Tomatenmark	0,07 €
1/2 Bund	Schnittlauch	0,44 €
1,5 l	Mineralwasser	0,19 €
	Summe	**2,60 €**

Zubereitung

Chinakohl in schmale Streifen schneiden und waschen. Zwiebeln schälen und würfeln. Tomaten enthäuten, entkernen und klein schneiden. Kartoffeln schälen und würfeln. Zwiebeln in Butter dünsten. Hackfleisch hinzugeben und anbraten. Salzen und pfeffern. Kartoffelwürfel und 1/2 Liter Brühe dazugeben und 10 Minuten schmoren. Chinakohl hinzufügen und etwa 15 Minuten garen. Tomatenwürfel und Tomatenmark unterrühren und abschmecken. Mit Schnittlauchröllchen bestreut servieren.

Abendessen

Menge	Zutaten	Preis
4 Scheiben	Schwarzbrot	0,26 €
40 g	Margarine	0,07 €
1/2 Stück	Salatgurke	0,23 €
250 g	Quark sortiert	0,43 €
2 Scheiben	Käse	0,32 €
2 Stück	Birnen	0,40 €
1,5 l	Mineralwasser	0,19 €
	Summe	**1,90 €**

Gesamtsumme

7,03 €

Frühstück

Menge	Zutaten	Preis
2 Stück	Brötchen	0,34 €
50 g	Marmelade	0,10 €
40 g	Butter	0,14 €
2 Scheiben	Käse	0,32 €
375 ml	Frischmilch	0,26 €
150 g	Cornflakes	0,19 €
4 Tassen	Tee/Kaffee	0,40 €
	Summe	**1,75 €**

Mittagessen

Münsterländer Bohneneintopf

Menge	Zutaten	Preis
150 g	durchwachsener Speck	0,65 €
6 TL	Fleischbrühe (Instant)	0,12 €
200 g	Möhren	0,11 €
200 g	Kartoffeln	0,10 €
200 g	Äpfel	0,30 €
150 g	Birnen	0,18 €
340 g	grüne Bohnen (Dose)	0,26 €
300 g	weiße Bohnen (Dose)	0,50 €
1 Prise	Bohnenkraut	0,05 €
1 Prise	Salz	0,05 €
1 Prise	Pfeffer	0,05 €
1,5 l	Mineralwasser	0,19 €
	Summe	**2,56 €**

Zubereitung

Speck würfeln und ca. 20 Minuten in 1,5 Liter Brühe kochen. Möhren und Kartoffeln schälen und in Scheiben schneiden. Äpfel und Birnen schälen, entkernen und in Stücke schneiden. Alles mit den grünen und weißen Bohnen und dem Bohnenkraut in die Brühe geben und ca. 20 Minuten leicht kochen lassen. Mit Salz und Pfeffer abschmecken und servieren.

Abendessen

Menge	Zutaten	Preis
4 Scheiben	Schwarzbrot	0,26 €
6 Scheiben	Truthahn-Aufschnitt	0,42 €
2 Scheiben	Käse	0,32 €
40 g	Margarine	0,07 €
2 Stück	Tomaten	0,15 €
1,5 l	Mineralwasser	0,19 €
	Summe	**1,41 €**

Gesamtsumme

5,72 €

Frühstück

Menge	Zutaten	Preis
4 Stück	Brötchen	0,68 €
50 g	Marmelade	0,10 €
40 g	Butter	0,14 €
2 Scheiben	Käse	0,32 €
2 Stück	Spiegeleier	0,26 €
2 Stück	Birnen	0,40 €
2 Glas	Frischmilch	0,28 €
2 Tassen	Tee/Kaffee	0,20 €
	Summe	**2,38 €**

Mittagessen

Bigosch (Polen)

Menge	Zutaten	Preis
300 g	Kartoffeln	0,14 €
200 g	Äpfel	0,30 €
100 g	durchwachsener Speck	0,43 €
300 g	Sauerkraut	0,17 €
150 g	Zwiebeln	0,07 €
1 Prise	Salz	0,05 €
1 Prise	Pfeffer	0,05 €
1/2 TL	Kümmelpulver	0,05 €
2 TL	Brühe (Instant)	0,04 €
1,5 l	Mineralwasser	0,19 €
	Summe	**1,49 €**

Zubereitung

Kartoffeln und Äpfel schälen und in Scheiben schneiden. Speck in dünne Scheiben schneiden und leicht anbraten. Kartoffeln, Äpfel, Sauerkraut und fein gehackte Zwiebeln jeweils salzen und pfeffern, schichtweise daraufgeben und mit Kümmel bestreuen. Die letzte Schicht sollte Sauerkraut sein. Bis zur Hälfte mit 1/2 Liter Brühe auffüllen. Bei geringer Hitze im geschlossenen Topf ohne Umrühren garen.

Abendessen

Menge	Zutaten	Preis
4 Scheiben	Schwarzbrot	0,26 €
4 Scheiben	Puten-Aufschnitt	0,66 €
40 g	Margarine	0,07 €
2 Scheiben	Käse	0,32 €
2 Becher	Joghurt	0,38 €
2 Stück	Äpfel	0,60 €
1,5 l	Mineralwasser	0,19 €
	Summe	**2,48 €**

Gesamtsumme
6,35 €

REZEPTVERZEICHNIS

GERICHTE MIT FLEISCH

GERICHTE OHNE FLEISCH

GERICHTE MIT FISCH

SUPPEN

EINTÖPFE

STICHWORTREGISTER

AUFGEFÜHRT SIND NUR DIE ZUTATEN FÜR DAS MITTAGESSEN.

PREISLISTE

PRODUKT	MENGE	EURO
Äpfel, 5 Stück	1000 g	1,49
Apfelmus	720 ml	0,99
Backobst/-pflaumen	250 g	1,69
Backpulver	100 g	0,18
Bananen, ca. 6 Stück	1000 g	1,29
Bandnudeln	250 g	1,25
Birnen, 6 Stück	1000 g	1,19
Blumenkohl	1 Kopf	0,99
Bockwürste	8 Stück	1,39
Bohnen, grüne	850 ml	0,65
Bohnen, weiße (Dose)	720 ml	1,25
Bohnen, weiße, getr.	500 g	1,59
Bohnenkraut	20 g	0,49
Bratwürste	6 Stück	1,79
Brokkoli (TK)	1000 g	1,59
Brot sort., 10 Scheiben	500 g	0,65
Brötchen	1 Stück	0,17
Brühe, sort., 7 l (Instant)	140 g	0,59
Butter	250 g	0,87
Champignons	300 ml	0,45
Chilischoten	160 g	1,69
Chinakohl	1000 g	1,29
Cornflakes	1000 g	1,25
Crème fraîche	200 g	0,59
Curry-Gewürz	80 g	0,49
Eier (Bodenhaltung)	10 Stück	1,25
Eisbein/Haxe	1000 g	5,50
Edamer, gerieben	200 g	1,19
Emmentaler, gerieben	200 g	1,19
Erbsen/Möhren (Dose)	850 ml	0,79
Essig	1 Liter	0,39
Fett	1000 g	1,49
Fischfilet (TK)	1000 g	3,39
Gewürzgurken	720 ml	0,65
Gouda am Stück	1000 g	5,49
Graupen	250 g	0,55
Hackfleisch, gemischt	500 g	1,69
Hackfleisch vom Rind	500 g	2,25
Hähnchenbrust	1000 g	4,99
Hähnchenschenkel	1000 g	2,08
Hähnchenschnitzel	1000 g	6,73
Hefe (1 Würfel)	42 g	0,09
Heringsfilet	250 g	0,99
Joghurt	200 g	0,19
Kaffee	500 g	2,99
Kartoffeln	1000 g	0,48
Käse-Aufschnitt, sort.	1000 g	5,49
Kassler-Aufschnitt	100 g	1,29
Kassler	1000 g	4,99
Knoblauch, frisch	200 g	0,99
Kochschinken	100 g	0,65
Kohlrabi	500 g	0,29

Lachsschinken	100 g	1,19
Lasagneblätter	500 g	1,19
Laugenstangen, Aufback	10 Stück	1,29
Leberkäse	1000 g	1,79
Linsen (Dose)	800 ml	0,55
Linsen, getrocknet	500 g	1,25
Lorbeerblätter	50 g	1,69
Majoran	50 g	0,49
Makkaroni	500 g	0,69
Margarine	500 g	0,75
Marmelade, sort.	450 g	0,89
Mehl	1000 g	0,52
Mettwürstchen, 4 Stück	300 g	1,59
Milch (Frisch-/H-Milch)	1 Liter	0,69
Mineralwasser	1,5 l	0,19
Möhren	1000 g	0,59
Mozzarella	220 g	0,55
Muskat	50 g	0,49
Müsli	1000 g	1,25
Nudelteig (Kühlregal)	500 g	1,39
Obstsalat (Dose)	850 ml	1,09
Orangen	6 Stück	1,70
Oregano	7,5 g	0,55
Paniermehl	1000 g	0,85
Paprika rot u. grün	500 g	0,99
Paprika, Gewürz	50 g	0,49
Penne-Nudeln	500 g	0,96
Petersilie	1 Bund	0,59
Pfannengemüse	750 g	1,39
Pfeffer	80 g	0,49
Pommes frites (TK)	1000 g	0,89
Porree, 8 Stangen	1000 g	1,99
Pudding	200 g	0,19
Puten-Aufschnitt	100 g	0,99
Putenfleisch	1000 g	5,99
Quark, sortiert	250 g	0,43
Radieschen	1 Bund	0,49
Reis	1000 g	0,98
Rinderbraten	1000 g	6,99
Rindergulasch	1000 g	5,99
Rosenkohl	1000 g	0,99
Rosinen	250 g	0,49
Rotkohl (Dose)	850 ml	0,49
Rotwein	1 Liter	1,19
Sahne	200 ml	0,35
Salatgurke	1 Stück	0,45
Salz	500 g	0,19
Sauerkraut	850 ml	0,49
Saure Sahne	200 g	0,29
Schinken	1000 g	6,49
Schmorgurken	1000 g	1,19
Schnittlauch	1 Bund	0,88
Schweinegulasch	500 g	2,49
Schweineleber	1000 g	2,99
Schweinenacken	1000 g	4,99
Schweinerippchen	1000 g	4,49
Schweinerippenbraten	1000 g	6,49
Schweineschmalz	250 g	0,45
Schweineschulter	1000 g	3,33
Senf	250 ml	0,45
Spätzle	500 g	0,85
Speck, durchwachsener	300 g	1,29
Speck, fetter	300 g	0,90
Speiseöl	1 Liter	1,35
Speisestärke	250 g	0,99
Spinat	450 g	0,39
Spiralnudeln	500 g	0,55
Spitzkohl	1 Stück	1,55
Steckrüben	1000 g	0,88
Suppengrün	1 Bund	1,19
Suppenhuhn	1000 g	1,99
Tee	500 g	2,99
Tee, Früchte	500 g	2,95
Thüringer Mett	1000 g	4,99
Toastbrot	1000 g	0,90
Tomaten, 12 Stück	1000 g	0,89
Tomaten, geschält	850 ml	0,55
Tomatenmark	200 g	0,55
Tortellini	500 g	1,49
Truthahn-Aufschnitt	100 g	0,83
Weißkohl	1000 g	0,99
Weißwein	750 ml	1,39
Weißwürste	5 Stück	2,09
Wirsingkohl	1000 g	1,00
Zitrone	3 Stück	0,75
Zitronensaft	200 ml	0,49
Zucchini	1000 g	1,19
Zucker	1000 g	0,92
Zwiebeln	1000 g	0,45

ALLE ANGABEN OHNE GEWÄHR
STAND: APRIL 2009